ULRICH GREEN

JÜRGEN JÜRGENSEN

„DOCH ES SOLLTE NOCH SCHLIMMER KOMMEN“

Sozialdemokrat, Gemeinderat Borby/Eckernförde,
Preußischer Landtag Berlin, KZ Esterwegen/Sachsenhausen,
Landgesellschaft Schleswig-Holstein

Borbyer Werkstatt Verlag
www.borbyverlag.de

1. Auflage 2021

Satz & Umschlaggestaltung: GOURMEDIEN Werbeagentur
Umschlagmotiv: Familienbesitz, zur Verfügung gestellt durch Frau Ulla Jürgensen.
Druck und Bindung: BoD
ISBN: 978-3-940586-16-2

Meiner Frau Susanne
für ihre großzügige Unterstützung!

Inhalt

Vorwort I

Im Juli 1945 traf der Verfasser als Vierjähriger nach monatelanger kriegs- und nachkriegsbedingter Irrfahrt zusammen mit seinen Eltern bei den Großeltern in Eckernförde am Pferdemarkt ein: 1948 wurde ich dann im Alter von sieben Jahren, etwas verspätet, die Bedingungen waren noch ziemlich unzureichend, eingeschult und da die Nordseite des Pferdemarktes schulisch zu Borby rechnete, in die 1. Klasse der Richard-Vosgerau-Schule. Der Name faszinierte, weniger weil es sich um einen bestimmten Personennamen handelte, vielmehr überhaupt um eines Namens willen; denn meine Cousinen und Cousins besuchten Wortgebilde wie „Mädchenbürgerschule" oder „Knapperbökenschule" (der zuständige Vetter hatte die „Knabenbürgerschule" individualisiert). Über den Träger des Namens meiner Schule erfuhren wir nichts, doch mir bereitete allein der Klang Freude. Dass Maria Vosgerau aus der Parallelklasse behauptete, die Schule sei nach ihrem Opa benannt, war mir höchst suspekt. Großväter waren freundliche alte Herren wie meiner, den meine Großmutter „Vadder" nannte, aber keine Namensgeber für Schulen.

Erst später bei erwachendem Geschichtsinteresse trotz oder wegen äußerst langatmigen Unterrichts bei dem bayerischen Assessor B. an der Jungmannschule näherte ich mich autodidaktisch dem Schicksal Richard Vosgeraus. Noch später – ich war Sozialdemokrat geworden – vertiefte ich die Kenntnisse. Und wieder nach geraumer Zeit machte ich im Ruhestand meinen Vorsatz wahr, arbeitete und veröffentlichte über Richard Vosgerau.[1] Dann gab es keine Grenzen mehr: Die sozialdemokratische Eckernförder Zeitgeschichte musste weiter ans Licht,[2] auch die der kommunistischen Mitbürger.[3]

1 Ulrich Green, Richard Vosgerau 1933 – 1945 in: Demokratische Geschichte (in der Folge DG), Bd. 22, Malente 2011, S. 143 – 166.

2 Ders., Karl Faden und Hans Quade - Ein Polizist und sein Richter, in: Zeitschrift der Gesellschaft für Schleswig-Holsteinische Geschichte, Bd. 140, Husum 2015, S. 181 – 209.

3 Ders., Zum Widerstand der Eckernförder KPD gegen das NS-Regime, Eckernförde 2017.

Schon seit Beginn der Arbeiten war mir Jürgen Jürgensen aufgefallen, Genosse und Freund Vosgeraus. Dazu kam sukzessive die Erkenntnis seiner großen Bedeutung mit seinem Weg in die überregionale Politik durch ein Mandat im Preußischen Landtag in Berlin, später, in der Lektüre empathisch sehr belastend, seine Leidenszeit in zwei Konzentrationslagern. Mitten in die Arbeit platzte 2018 die Nachricht durch das Museum Eckernförde, authentische Aufzeichnungen Jürgensens aus den Jahren 1933 bis 1944, die sich dann als überraschend dicht an der modernen Literatur erwiesen, seien aufgetaucht. Zu meiner Freude und mit Dankbarkeit erhielt ich von Frau Ulla Jürgensen, Hürth, eine Kopie, durch die meine Untersuchungen ihr eigentliches Gewicht gewonnen haben. – Vermutlich wäre es ohne die schulisch Borby zugehörende Straßenseite des Pferdemarktes in Eckernförde nicht zu den vorliegenden Veröffentlichungen gekommen.

Vorwort II

Maria Vosgerau schrieb 1952 als Schülerin den Aufsatz über ihren Großvater.[4] Er wurde 1989 anlässlich der 50-Jahr-Feier der Schule in der Festschrift veröffentlicht. Die Redaktion des Textes 1952 ist unbekannt, die Veröffentlichung 1989 erfolgte ohne Kommentar.

Ungewöhnlich ist der Satz „Im Jahre 1933 wurde mein Großvater abermals zum Gemeindevorsteher gewählt, hat dann aber der anderen Regierung sein Amt zur Verfügung gestellt". Nach der Kommunalwahl am 10. März entfielen auf die SPD 4 Sitze, auf die KPD 1, Gemeindewohl 2, NSDAP 2. Richard Vosgerau wurde durch das Los zum Gemeindevorsteher bestimmt. In einem offenbar fingierten Schreiben vom 4. April 1933 wird sein Konkurrent, Curt Heime, NSDAP, zum kommissarischen Vorsteher ernannt, „da mit einer Bestätigung des Gewählten nicht zu rechnen ist". Am 6. April

4 Familienbesitz Vosgerau.

wurde Vosgerau mit etwa 40 weiteren Sozialdemokraten verhaftet und nach Schleswig gebracht, am 15. Mai ohne Angabe von Haftgründen in das Zuchthaus Rendsburg eingeliefert.[5] Jürgen Jürgensen war zu dem Zeitpunkt in Berlin auf freiem Fuß und selbstlos darum bemüht, den Genossen in den Konzentrationslagern das Leben in irgendeiner Form zu erleichtern.

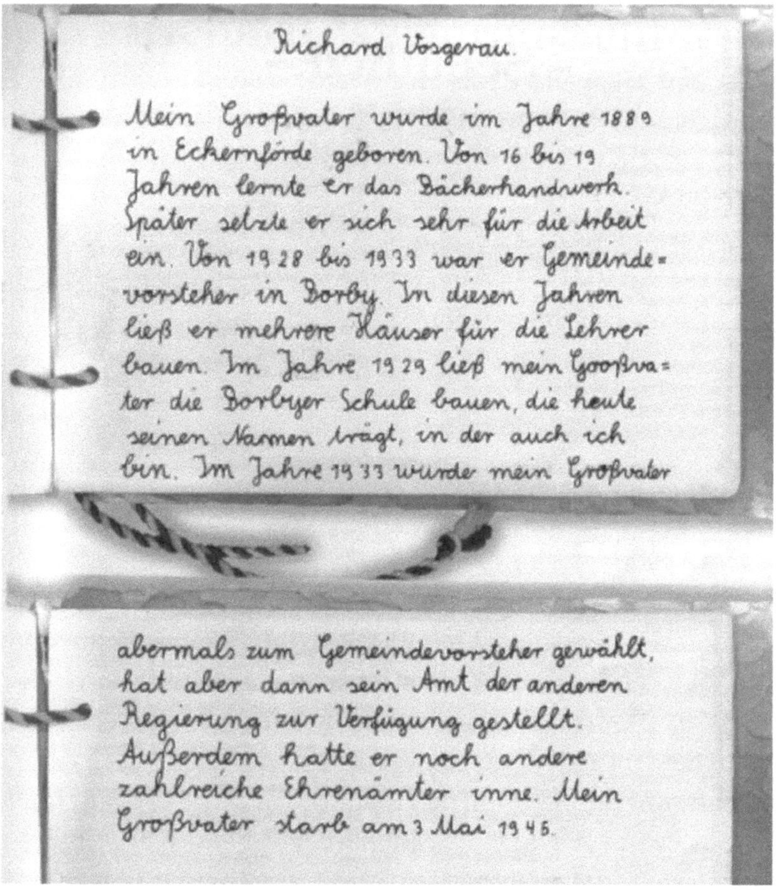

Richard Vosgerau.

Mein Großvater wurde im Jahre 1889 in Eckernförde geboren. Von 16 bis 19 Jahren lernte er das Bäckerhandwerk. Später setzte er sich sehr für die Arbeit ein. Von 1928 bis 1933 war er Gemeinde=vorsteher in Borby. In diesen Jahren ließ er mehrere Häuser für die Lehrer bauen. Im Jahre 1929 ließ mein Großva=ter die Borbyer Schule bauen, die heute seinen Namen trägt, in der auch ich bin. Im Jahre 1933 wurde mein Großvater

abermals zum Gemeindevorsteher gewählt, hat aber dann sein Amt der anderen Regierung zur Verfügung gestellt. Außerdem hatte er noch andere zahlreiche Ehrenämter inne. Mein Großvater starb am 3 Mai 1945.

Der o. a. Satz stammt mit Sicherheit nicht von der 10-jährigen Maria Vosgerau, sondern von ihrem Lehrer, der offensichtlich im

5 Vgl. Ulrich Green, Richard Vosgerau, Leben im Widerstand gegen den Nationalsozialismus, in: Jahrbuch der Heimatgemeinschaft Eckernförde, 69. Jg., 2011.

Umgang mit der NS-Vergangenheit noch ziemlich hilflos war. Auch zum Tod am 3. Mai 1945 in der Neustädter Bucht bei der Cap-Arcona-Katastrophe nach seiner Gefangenschaft im Konzentrationslager Neuengamme fiel ihm nichts ein. Vielleicht wusste er nichts darüber.

Das können die Verantwortlichen für die Veröffentlichung des Aufsatzes zum Schuljubiläum nicht für sich in Anspruch nehmen; denn einige Jahre bis 1984 hatten sich Kurt Hamer, Karl-Werner Schunck, Rolf Schwarz, Else Bevendorff, Wilfried Göbel, Rolf Schule und Marion Schunck „tastend und eher zaghaft daran gemacht, herauszufinden und für eine Öffentlichkeit zugänglich zu machen, was weithin vergessen und verdrängt schien" und in ihrer Arbeit „Vergessen + Verdrängt" niedergeschrieben.[6] Darin finden sich von Karl-Werner Schunck acht Seiten über Richard Vosgerau. – Ein paar Anmerkungen zum Aufsatz der kleinen Maria wären also 1989 möglich gewesen.

Einleitung I

Scheinbar dominiert Richard Vosgerau die frühe Sozialdemokratie in Borby/Eckernförde. Tatsächlich dürfte es an den häufigeren Arbeiten über ihn in der Literatur liegen.[7] Jürgen Jürgensen, der Ältere der beiden, geb. 1883, Vosgerau 1889, findet allenfalls Erwähnung. Wann sie, die sicher später auch als Freunde zu bezeichnen sind, einander begegneten, ist nicht bekannt. Der Ältere trat 1905 der SPD bei, der Jüngere 1911. Jürgensen wurde 1909 Vorsitzender des Ortsvereins Borby. Vosgerau begann sein politisches Leben 1912 und wechselte sich später mit Jürgensen im Vorsitz des Ortsvereins ab, zuerst 1916. Vielleicht kam jener der SPD früher nahe: Sein Vater,

6 Vergessen + Verdrängt, Eckernförde 1995.

7 Karl-Werner Schunck: Richard Vosgerau, Ein politischer Lebensbericht, in: Vergessen + Verdrängt, Arbeiterbewegung und Nationalsozialismus in den Kreisen Rendsburg und Eckernförde, Schleswig 1995, S. 9 - 16.

Friedrich Vosgerau, gehörte 1891 zu den ersten Mitgliedern der SPD. Am 11. Oktober 1891 erfolgte der Aufruf zur Gründung eines Arbeiter-Bildungsvereins für Eckernförde, Borby und Umgebung.

Über Differenzen zwischen Jürgensen und Vosgerau ist nichts bekannt. So trugen sie gemeinsam laut Protokollbuch der SPD in Eckernförde vom 21. Oktober 1916 den folgenden Beschluss: „Die heute tagende Mitgliederversammlung des sozialdemokratischen Vereins Eckernförde erkennt die Tätigkeit der Oppositionsvertreter in den Parlamenten an und erwartet in Zukunft eine schärfere Gangart und deutlichere Hervorhebung des Klassenstandpunktes gegenüber der Kapitalistenklasse und der Regierung. Unter allen Umständen sollte versucht werden, sobald wie möglich eine internationale Verständigung herbeizuführen, damit die Proletarier aller Länder geschlossen wie früher den Kampf gegen die Kapitalisten- und Imperialistengruppe in den einzelnen Ländern wieder aufnehmen können." 1917 schlossen sich fast 75 % der neu begründeten USPD an.

Am 19. August 1917 besuchte Jürgen Jürgensen als Delegierter Eckernfördes die Mitgliederversammlung der USPD in Kiel.

Seit 1921 Mitglied im Preußischen Landtag in Berlin, zudem noch einige Jahre Ratsherr im Eckernförder Stadtparlament – zwei Jahre zusammen mit seiner Frau, es sollte noch lange ein Novum bleiben – blieb Jürgensen weiterhin Borby verbunden, unterstützte u. a. Vosgerau, jetzt Gemeindevorsteher, beim Bau einer neuen Schule. Außerdem war er Beigeordneter des Landrats, seit 1920 Sekretär des Gewerkschaftskartells in Eckernförde und leitete die dortige Rechtsauskunftsstelle.

1933 endete für beide die Laufbahn als Politiker. Vosgerau wurde Versicherungsvertreter und versuchte, ohne das Misstrauen der Gestapo erregen zu wollen, durch viele Hausbesuche die örtliche Sozialdemokratie zusammenzuhalten. Jürgensen begann in Berlin mit den Bemühungen, Angehörige verhafteter Genossen zu unterstützen, engagierte sich schließlich in dem Vorhaben, Genossen im KZ das Leben zu erleichtern – und wurde selbst dorthin verschleppt, 1936 nach furchtbarem Leid todkrank wieder entlassen. Richard Vosgerau inhaftierten die Nazis nach dem 20. Juli 1944 im Rahmen der „Aktion Gewitter“ im Konzentrationslager Neuengamme. Er starb am 3. Mai 1945 beim Untergang der Cap Arcona in der Neustädter Bucht. Jürgen Jürgensen half nach 1945 beim Wiederaufbau der Sozialdemokratie in Schleswig-Holstein, war vorübergehend Kandidat für das Amt des Oberpräsidenten und leitete noch einige Jahre die Landgesellschaft Schleswig-Holstein in Kiel.

Einleitung II

Wenn Jürgen Jürgensen sich ganz außergewöhnlicher, teilweise scheinbar jeder Vernunft ferner Mittel bediente, um den in Konzentrationslagern Gequälten zu helfen, müssen wir explizit erfahren, welche Informationen er hatte. Und zu ihrer Erkenntnis ist mit starker Anlehnung an Hannah Arendts Ausführungen[8] ein „Verweilen beim Grauen“[9] unerlässlich:

Die Konzentrations- und Vernichtungslager dienten dem totalen Herrschaftsapparat als Laboratorien, in denen experimentiert wurde, ob der fundamentale Anspruch der totalitären Systeme, dass Menschen total beherrschbar sind, zutreffend ist. Hier handelte es sich darum, festzustellen, was überhaupt möglich ist, und den Beweis dafür zu erbringen, dass schlechthin alles möglich ist.

Das eigentliche Grauen der Konzentrations- und Vernichtungslager bestand darin, dass die Insassen, selbst wenn sie zufällig am Leben blieben, von der Welt der Lebenden wirksamer abgeschnitten waren, als wenn sie gestorben wären, weil der Terror Vergessen erzwingt. Der Mord geschieht hier ganz ohne Ansehen der Person; er kommt dem Zerdrücken einer Mücke gleich. Es mag einer sterben, weil er den systematischen Folterungen erliegt oder dem Hunger

8 Vgl. Hannah Arendt: Elemente und Ursprünge totaler Herrschaft, Frankfurt 1955, S. 698 ff.

9 George Bataille in der Zeitschrift „Critique“, Januar 1948, S. 72.

oder weil das Lager überbelegt ist und überflüssiges Menschenmaterial liquidiert werden muss oder durch die Augenblickswillkür eines Bewachers.

Es gibt keine Parallele zu dem Leben in den Konzentrationslagern. Was immer sich uns als solches darbietet, vernebelt uns den Sinn und lenkt die Aufmerksamkeit vom Wesentlichen ab. Zwangsarbeit, Verbannung, Sklaverei scheinen sich einen Augenblick anzubieten, um bei näherer Überlegung ins Wesenlose zu versinken. Zwangsarbeit als Strafe ist begrenzt nach Zeit und Intensität. Der Bestrafte behält das Recht über seinen Körper; er ist nicht nur nicht absolut gequält, er ist nicht einmal absolut beherrscht. Verbannung verbannt nur aus einem bestimmten Teil der Welt in eine andere, ebenfalls von Menschen bewohnte Welt; sie stößt nicht aus der Menschenwelt überhaupt aus. Sklaverei war, wo immer sie historisch auftrat, eine Institution innerhalb einer Gesellschaftsordnung; Sklaven wurden nicht, wie die Lagerinsassen, den Augen und damit der Kontrolle der Umwelt entzogen; als Arbeitsmittel hatten sie einen bestimmten Preis und als Eigentum einen bestimmten Wert. Der „Konzentrationär" hat keinen Preis, weil er jederzeit ersetzt werden kann und er gehört niemandem zu eigen. Er ist, was das Leben der normalen Gesellschaft angeht, vollkommen überflüssig. Die Unglaubwürdigkeit der Gräuel in den Konzentrationslagern hängt aufs Engste mit deren ökonomischen Zwecklosigkeit zusammen und gab dem ganzen Unternehmen inmitten einer zweckbeherrschten Welt den Anschein einer verrückten Irrealität.

Solche aus scheinbarer Sinnlosigkeit stammende Irrealität liegt aber de facto allen Formen der Konzentrationslager zugrunde. Von innen wie von außen sind sie nur mit Bildern zu beschreiben, die aus der Vorstellungswelt von einem Leben nach dem Tode stammen, nämlich von einem Leben, das irdischen Zwecken enthoben ist. Mit einer verblüffenden Genauigkeit könnte man Konzentrationslager in Typen einteilen, welche den drei wesentlichen abendländischen Vorstellungen von einem Leben nach dem Tode im

Hades, im Fegefeuer und in der Hölle entsprechen. Dem Hades würden jene verhältnismäßig milden Formen des vernachlässigenden Aus-dem-Wege-Räumens entsprechen, die für unerwünschte Elemente aller Art, Flüchtlinge, Staatenlose, Asoziale, Arbeitslose – auch in nichttotalitären Staaten in Mode zu kommen drohten; sie haben in DP-Camps, das heißt, wieder als Lager für lästig und überflüssig gewordene Menschen, den Krieg überdauert.[10] Das Fegefeuer stellte sich in jenen vorgeblichen Arbeitslagern der Sowjetunion dar, in denen sich Vernachlässigung mit chaotischem Arbeitszwang vereinte. Die Hölle schließlich im wortwörtlichen Verstehen bilden jene nur von Nazis bis zur Vollendung ausgebildeten Typen, in welchen das gesamte Leben nach dem Gesichtspunkt der größtmöglichen Quälerei systematisch durchorganisiert war. Allen drei Typen ist gemeinsam, dass die in sie verschlagenen Menschen so behandelt werden, als ob sie nicht mehr existierten, als ob das, was mit ihnen geschehe, nicht mehr und für niemanden zähle, als seien sie bereits gestorben und als amüsiere sich nun, bevor sie zur ewigen Ruhe zugelassen werden, noch irgendein verrückt gewordener böser Geist damit, sie zwischen Leben und Tod ein wenig aufzuhalten.

Es ist nicht so sehr der Stacheldraht, als die fabrizierte und kunstvoll hergestellte Unwirklichkeit derer, die er einzäunt, welche zu so ungeheuerlichen Grausamkeiten provoziert und die Vernichtung schließlich als eine durchaus normale Maßnahme erscheinen lässt.

Und das „Verweilen beim Grauen" zum Verständnis von Jürgensens Intentionen bei Bemühungen um Hilfe für die Verschleppten muss sich fortsetzen durch Erkenntnisse über die tatsächlichen Vorgänge in den Konzentrationslagern, in Versuchen der Analyse von Täterpersönlichkeiten.

Quellen sind Archivalien, die Literatur und die erst seit Kurzem zur Verfügung stehenden Aufzeichnungen Jürgen Jürgensens, „Der Sturz der Demokratie und die Schutzhaft in Deutschland". Sie umfassen die Zeit vom 4. März 1933 bis zum 30. November 1944.

10 Alliierte DP-Camps nach 1945 dienten vor allem dem Schutz.

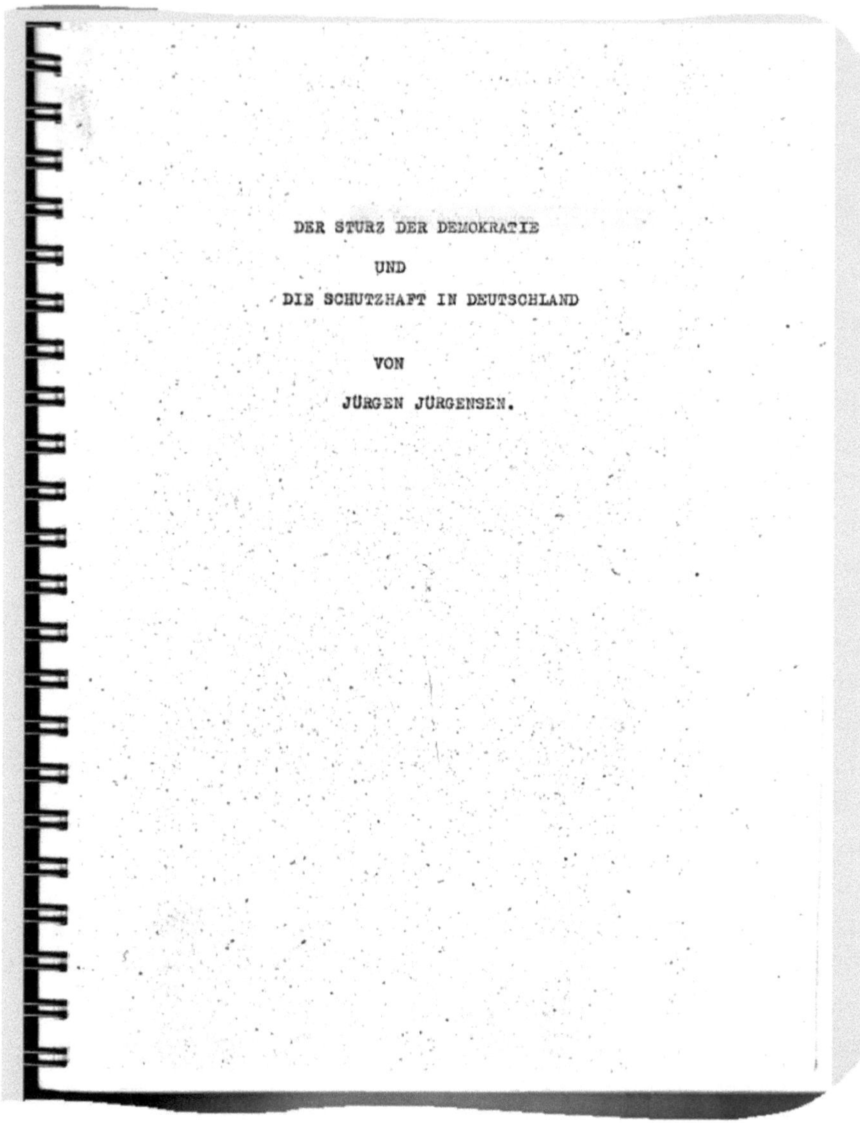
DER STURZ DER DEMOKRATIE

UND

DIE SCHUTZHAFT IN DEUTSCHLAND

VON

JÜRGEN JÜRGENSEN.

Die Aufzeichnungen, abgeschlossen und unterzeichnet am 30. November 1944, hätten bis zum 8. Mai 1945 nicht in die Hände der Gestapo fallen dürfen; Jürgensen wurde überwacht.

Vom Ursprung

Jürgen Jürgensen wurde am 24. Juli 1883 in Langholz, Kreis Eckernförde, geboren. Und hier ist eine erste Besonderheit zu erkennen, von denen es später weitere in seinem Leben geben wird. Sein Vater, der Fischer Friedrich Jürgensen, geb. 1859, hatte früh seinen ursprünglichen Lebens- und Arbeitsbereich, die Fischerei[11], verlassen:

Eckernförder Fischer um 1900[12]

Er war in den Holzhandel mit Schweden eingestiegen, ging aber am 26. Januar 1906 mit seinem Schiff vor Malmö unter. Weitere Ein-

11 Vor der späteren Kutterflotte, die Motorisierung begann 1903: Man betrieb die Waadenfischerei. Ein Netz wurde von Ruder-oder Segelbooten aus ringförmig zusammengezogen.

12 Sammlung Heinrich Green

zelheiten sind nicht bekannt: Weder die Umstände des Unglücks – die Jahreszeit lässt auf einen Sturm schließen – noch ob er an Bord eines Schiffes arbeitete oder ein eigenes besaß.

Holz zählte ursprünglich in Norddeutschland nicht zu den Handelsobjekten, denn es wuchs davon mehr als genug, mehr sogar, als den Vorfahren lieb war. Urwaldartige Gehölze engten den Siedlungsraum ein; sie zwangen die Menschen, durch Rodungen neues Ackerland zu gewinnen. Dennoch fand man weiterhin genügend Holz, um wie eh und je davon Schiffe und Häuser zu bauen, Geräte und Möbel anzufertigen, vor allem um sich Wärme zu verschaffen. Ja, seit dem 13. Jh. gelangte aus den Eichenwäldern Norddeutschlands Schiffbauholz in Länder, welche die Natur weniger reich mit Waldungen ausgestattet hatte, nach Dänemark, Holland und England. Hansekaufleute lieferten sogar bis nach Portugal und Spanien. Diesem zweiseitigen Angriff zeigten sich die norddeutschen Holzvorräte auf die Dauer nicht gewachsen. Die Küstengebiete von Schleswig-Holstein wandelten sich vom Überschuss- zum Bedarfsland um. Ob nordische Bau- oder tropische Edelhölzer zuerst gehandelt wurden, lässt sich aus Mangel an Nachrichten wohl nie klären. Immerhin steht fest, dass skandinavisches Holz seit dem 19. Jh. als Mengen-Stückgut in Zoll-Ordnungen oder kaufmännischen Aufstellungen in hohem Maße erscheint.[13]

In Eckernförde entstanden auf der Grundlage des Hafens nach und nach mehrere große Holzhandlungen. Eine geschäftliche Verbindung Friedrich Jürgensens zu diesen ist nicht bekannt.

Eine Nähe Jürgen Jürgensens zur Fischerei war nicht gegeben. Er arbeitete nach dem Abschluss der Volksschule zuerst in der Landwirtschaft auf großen Gütern, später im Baubetrieb. Ab 1912 war er Inhaber eines Pfeifen- und Tabakgeschäfts in Eckernförde. Um 1905 trat er der SPD und den freien Gewerkschaften bei.[14]

---

13 Vgl. Sommer & Strebel, Hamburger Skizzen zur Geschichte des deutschen Holzhandels, Hamburg 1967, S. 9 f.

14 Sozialdemokratie in Eckernförde, Hrsg. SPD-Ortsverein Eckernförde, 1991.

Sozialdemokratie in Borby und Eckernförde

Borby mit Blick auf Eckernförde[15]

Die Gründungsgeschichte der Sozialdemokratie[16] in Deutschland weist, nicht sonderlich bekannt, ein ungewöhnliches Merkmal auf: Die ersten Arbeitervereine in den meisten Gebieten des Landes hatten einen relativ hohen Anteil von Zigarrenmachern und Mitgliedern, die im weiteren Sinne als Gehilfen mit dem Handwerk verbunden waren, in ihren Reihen. Ein Schwerpunkt waren die Zigarrenfabriken in Hamburg und Ottensen,[17] vor allem auch die vielen kleinen Firmen, die häufig mit einer geringen Anzahl von Mitarbeitern, manchmal nur als Familienbetrieb in Heimarbeit, existierten:[18]

„In einem Polizeibericht aus dem Jahre 1882 heißt es sicherlich etwas übertrieben, dass von den in Altona und Ottensen wohnenden Tabakarbeitern fast jeder ein Agitator sei. Die ‚Rote Feldpost', der

15 Foto Walter Baasch.

16 Vgl. Ulrich Green, Jahrbuch der Heimatgemeinschaft Eckernförde, 2009, S. 229 – 235.

17 Ausgehend von Hamburg, Altona und Ottensen (Tabaksarbeiter), kam es u. a. auch in Kiel im Jahre 1865 zur Gründung einer Gemeinde des ADAV. Es war buchstäblich naheliegend, dass die Kieler Sozialdemokraten großen Einfluss auf die Eckernförder erhalten sollten, auch wenn sie unterschiedlichen Wahlbezirken angehörten (Sozialdemokratie in Eckernförde, 1991, S. 10).

18 Hans-Kai Möller: Zigarrenheimarbeiter in Hamburg-Ottensen, Zu den Auswirkungen der Arbeits-, Wohn- und Lebensverhältnisse auf ihre politische Orientierung, in: Arbeiter und Arbeiterbewegung in Schleswig-Holstein im 19. und 20. Jh., Hrsg. Rainer Paetau, Holger Rüdel, Neumünster 1987, S. 87 ff.

Schmuggel des ‚Socialdemokrats' über die Zollgrenze nach Ottensen und der Vertrieb von dort ins Reich (sicher auch bis in das schleswig-holsteinische Eckernförde, Verf.) lag fast ausschließlich in den Händen der Zigarrenarbeiter. Nicht wenige von ihnen wurden bei der illegalen Arbeit von der Polizei entdeckt und auf der Grundlage der Sozialistengesetze[19] zu hohen Gefängnisstrafen verurteilt oder ausgewiesen. Von den aus Hamburg, Altona, Ottensen und Umgebung 335 Ausgewiesenen waren 106 Zigarrenmacher. In dieser Zahl spiegelt sich das große politische Engagement der Zigarrenmacher und die Risikobereitschaft, mit der sie für ihre politischen Ziele eintraten, eindrucksvoll wieder. Viele der ausgewiesenen Zigarrenmacher waren gezwungen, da sie im Inneren des Reiches keine Arbeitsmöglichkeit fanden, nach Amerika auszuwandern. Die unermüdliche Agitationsarbeit der Zigarrendreher trug entscheidend dazu bei, dass sozialdemokratische Reichstagskandidaten während der Zeit des Sozialistengesetzes zwei schleswig-holsteinische Wahlkreise eroberten."

Friedrich Vosgerau, der Vater des späteren Borbyer Gemeindevorstehers Richard Vosgerau, gehörte 1891 zu den Begründern des ersten sozialdemokratischen Arbeitervereins in Eckernförde.[20] Ein wertvoller Hinweis, um die Frage zu klären, welche Anlässe und Motivationen Friedrich Vosgerau in die Sozialdemokratie führten, findet sich in der Geburtsurkunde[21] seines Sohnes Richard: Dort wird der Beruf des Vaters mit „Tabacksarbeiter" angegeben, obwohl

19 Das Sozialistengesetz („Gesetz gegen die gemeingefährlichen Bestrebungen der Sozialdemokratie") – wegen seiner verschiedenen Einzelbestimmungen in insgesamt 30 Paragraphen, der jährlichen Neuvorlage und kleiner Modifizierungen auch oft im Plural als Sozialistengesetze bezeichnet – wurde am 19. Oktober 1878 mit der Stimmenmehrheit der konservativen und der meisten nationalliberalen Abgeordneten im Reichstag des Deutschen Kaiserreichs verabschiedet. Drei Tage später, am 22. Oktober, trat es nach Unterzeichnung durch Kaiser Wilhelm I. in Kraft und galt durch Verlängerungen bis zum 30. September 1890. Das Gesetz verbot sozialistische und sozialdemokratische Organisationen und deren Aktivitäten im Deutschen Reich außerhalb des Reichstags und der Landtage. Es kam damit einem Parteiverbot gleich.

20 Am 11. Oktober 1891 erfolgte der Aufruf zur Gründung eines Arbeiter-Bildungsvereins für Eckernförde, Borby und Umgebung, am 25. 10. wurden die Statuten festgesetzt und die Mitglieder des Vorstands gewählt, eine hervorgehobene Rolle spielte wahrscheinlich der Maurer Johannes Tödter, weitere Namen und Erkenntnisse über den Fortschritt der Organisation sind nicht bekannt (Sozialdemokratie in Eckernförde, Hrsg. SPD-Ortsverein Eckernförde, 1991, S. 15).

21 Familienbesitz Vosgerau.

er gelernter Klempner war.[22] Zu der Zeit gab es in Eckernförde die Tabakfabrik F. D. Spethmann. Sie feierte am 4. November 1912 ihr hundertjähriges Jubiläum und hatte „einen Personenbestand von reichlich 40 Angestellten und Arbeitern“[23]. Wenn es auch keinen Beleg dafür gibt, dürfte Friedrich Vosgerau dort gearbeitet haben.

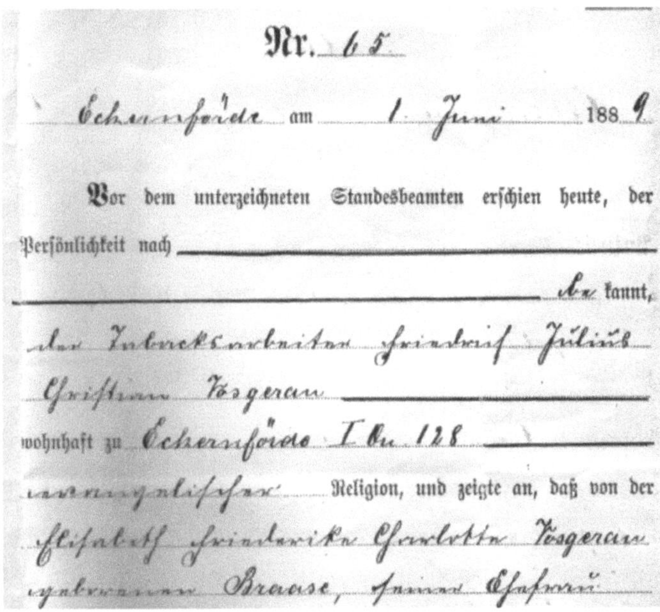

Nr. 65

Eckernförde am 1. Juni 1889

Vor dem unterzeichneten Standesbeamten erschien heute, der Persönlichkeit nach ______ bekannt,
der Tabacksarbeiter Friedrich Julius Christian Vosgerau
wohnhaft zu Eckernförde I Bu 128
evangelischer Religion, und zeigte an, daß von der
Elisabeth Friederike Charlotte Vosgerau geborene Braase, seiner Ehefrau

In die Zeit Friedrich Vosgeraus fiel ein sehr bemerkenswertes Ereignis,[24] an dem er sicher beteiligt war. Ob er zu den Initiatoren zu rechnen ist, lässt sich nicht mehr feststellen, aber als eines der Gründungsmitglieder der Eckernförder Sozialdemokratie wird ein Vorgang von diesem Gewicht mit seinem Votum durchgeführt worden sein:

1898 hatten rund dreißig Arbeiter bzw. Handwerker ihre Aufnahme in die Bürgerrolle verlangt, um damit das Wahlrecht ausüben

22 Karl-Werner Schunck, in: Vergessen + Verdrängt, Eckernförde 1995, S. 9.

23 Eckernförder Zeitung, 5. 11. 1912.

24 Paetau, Rainer: Konfrontation oder Kooperation, Arbeiterbewegung und bürgerliche Gesellschaft im ländlichen Schleswig-Holstein und in der Industriestadt Kiel zwischen 1900 und 1825, Neumünster 1988, S. 123 f.

zu können oder wählbar zu sein. Die Stadtverordnetenversammlung befürwortete den Antrag, während der Eckernförder Magistrat einen ablehnenden Bescheid mit der Begründung erteilte, der im Ortsstatut festgelegte Zensussatz[25] von 600 Mark sei im Jahre 1894 auf 1200 Mark festgelegt worden. Diese Bedingung erfüllten die Antragsteller nicht. Der Bezirksausschuss in Schleswig schloss sich der Auffassung an. Daraufhin legte die Stadtverordnetenversammlung Berufung beim Oberverwaltungsgericht ein, und dieses entschied: Die Bestimmungen der Schleswig-Holsteinischen Städteordnung in Verbindung mit denjenigen des preußischen Einkommenssteuergesetzes erlaubten keine weitere Erhöhung des Zensus als 900 Mark. Die Eckernförder Zensuserhöhung von 1894 sei deswegen nicht rechtsgültig und somit der alte Zensus von 600 Mark verbindlich. Der Beschluss der Stadtverordnetenversammlung müsse deshalb bestätigt werden, die Antragssteller seien in die Bürgerrolle einzutragen.[26]

Lange hielt dieser Entscheid nicht. In Kiel plädierte der Magistrat für eine Festlegung des Zensus auf 1500 Mark. Als sich das OVG erneut mit der Problematik zu beschäftigen hatte, änderte es seine Meinung und schloss sich der Auffassung des Kieler Magistrats an, die Bestimmungen des Preußischen Einkommenssteuergesetzes bezögen sich nicht auf die Schleswig-Holsteinische Städteordnung; der Zensus könne also bis 1500 Mark erhöht werden.[27]

Den bekannten großen Abstand zwischen Bürgern und Arbeitern zeigt ein Beispiel aus Kiel: Nach der Stadtverordnetenwahl von 1890, bei der zwei SPD-Kandidaten jeweils ein Mandat erringen konnten,

25 Die entscheidenden Grundlagen des preußischen Steuerrechts sind mit dem Namen des preußischen Reformers Karl August von Hardenberg (1750-1822) verbunden. Aufgrund seiner Initiative wurde 1820 eine Klassensteuer eingeführt, bei der die Einkommens- und Vermögensverhältnisse (Zensus) an Hand äußerlicher Merkmale bewertet wurden. Aufgrund dieser Schätzungen wurden die Zahlungspflichtigen dann wiederum in Steuerklassen eingeteilt. Das Prinzip der Leistungsfähigkeit wurde aber auch anders interpretiert. Wer für den Staat zahlte, sollte auch mitbestimmen dürfen. So gesehen war die Besteuerung Grundlage für das Preußische Dreiklassen-Wahlrecht gewesen. (www.bpb.de/publikationen/26TF8T, 8. 8. 2012)

26 Landesarchiv Schleswig-Holstein (folgend: LAS), Abt. 301/331 R, Urteil des Kgl. OVG vom 26. 5. 1899.

27 LAS Abt. 301/331,R , Urteil des Kgl. OVG vom 22. 10. 1900.

versetzte dieses Resultat die Kieler Bürger in eine große Aufregung, und der Magistrat zog sofort die Konsequenzen. Er ließ den Stadtbezirk in vier Wahlbezirke aufteilen. Damit sollte der Übelstand beseitigt werden, dass sich die bürgerlichen Wähler aufgrund des Zusammenströmens vieler Arbeiterwähler in einem Wahllokal aufgeschreckt fühlten und nicht mehr an der Wahl teilnahmen.[28] „Mancher (bürgerliche Wähler) kehrte um und wählte nicht, weil es ihm unangenehm war, sich mit dem Proletenvolk in drangvoller Enge die Treppe (des Wahllokals) hinaufschieben zu lassen."[29] – Der Abstand zu den Eckernfördern Bürgern war für Borbyer Sozialdemokraten durch die Länge der Holzbrücke über den Hafen gegeben; man überschritt sie stets mit einem gewissen Unbehagen.

Obrigkeit und Bürger waren sich gegen die „Roten" einig. Es wird durch ein Dankschreiben vom 5. September 1916 dokumentiert. Darin bestätigt der „Reichsverband gegen die Sozialdemokratie" dem Königlichen Landrat des Kreises Eckernförde untertänigst den Eingang von 14,30 Mark als Mitgliedsbeitrag.[30] Der Landrat war Ernst von der Recke.

Jürgen Jürgensen trat 1905 der SPD bei und wurde 1909 Vorsitzender des Ortsvereins Borby. Das Archivmaterial über seine dortige Zeit beginnt mit einem Protokollvermerk über die Landagitation der Eckernförder SPD vom 16. Oktober 1909: Für den 28. Oktober wird nach einer Berichterstattung Jürgensens über einen Parteitag, „Diskussion wurde nicht beliebt", die nächste Vollversammlung in Loose beschlossen. In dem Zusammenhang sollten Flugblätter verteilt werden, um die Landarbeiterschaft der Güter in der Umgebung zu werben.[31] Bei der Agitation der Landarbeiter in den Gutsbezirken wurden häufig Rückschläge und Widerstände gemeldet. So verweigerten zum Beispiel die Kontaktleute in den Landarbeitersiedlungen unter Druck

---

28 Rainer Paetau, 1988, S.123.

29 Wilhelm Brecour: Die Sozialdemokratische Partei in Kiel, Kiel 1932, S. 84.

30 LAS, Abt. 320, Eck Nr. 186

31 LAS , Abt. 320, Eck., Akte SPD.

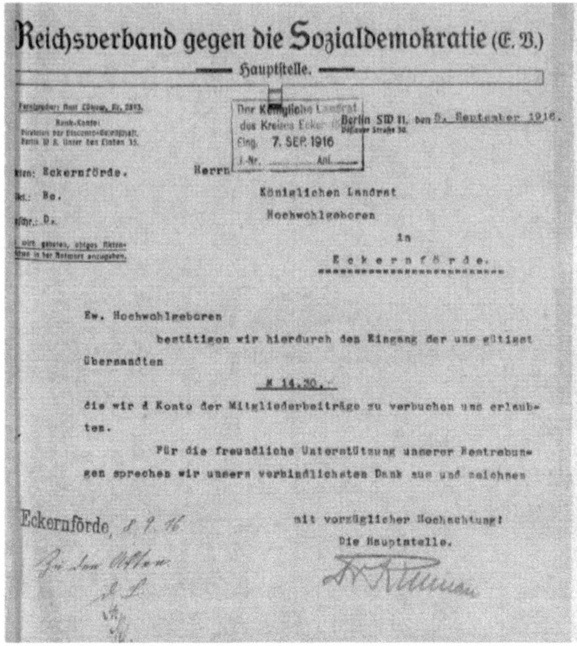

Reichsverband gegen die Sozialdemokratie (E. V.)

Hauptstelle.

Berlin SW 11, den 5. September 1916.

Dessauer Straße 30.

Der Königliche Landrat des Kreises Eckernförde. Eing. 7. SEP. 1916

Herrn

Königlichen Landrat

Hochwohlgeboren

in

Eckernförde.

Ew. Hochwohlgeboren

bestätigen wir hierdurch den Eingang der uns gütigst übersandten

M 14.30.-

die wir á Konto der Mitgliederbeiträge zu verbuchen uns erlaubten.

Für die freundliche Unterstützung unserer Bestrebungen sprechen wir unsern verbindlichsten Dank aus und zeichnen

mit vorzüglicher Hochachtung!

Die Hauptstelle.

Eckernförde, 8. 9. 16

die Annahme der „Volkszeitung", oder die Gutsbesitzer sammelten die gerade verteilten sozialdemokratischen Norddeutschen Volkskalender ein und gaben stattdessen in Zusammenarbeit mit dem Landrat in Eckernförde sogenannte patriotische Volkskalender aus. Der Landrat leitete übrigens bereitwillig die Schriften des preußischen Kriegervereins gegen die SPD an die Gutsbesitzer zur Verteilung weiter.[32]

Richard Vosgerau begann seine engagierte Mitarbeit im SPD-Ortsverein Borby 1912. Er traf dort auf Jürgen Jürgensen, mit dem er sich im Vereinsvorsitz abwechselte und der ihm später aus seiner Funktion in Berlin sehr behilflich war. – Die Reichskonferenz der USPD sollte am 6. April in Gotha stattfinden. Die Eckernförder konnten sich aus finanziellen Gründen daran nicht beteiligen, und sie überließen das Mandat dem Genossen Barnewski, Friedrichsort, der auf der folgenden Mitgliederversammlung einen eineinhalbstündigen Bericht erstattete, der zur vollsten Zufriedenheit der Linkssozialis-

32 Richard Vosgerau jun.: Familienchronik des Vosgeraus, 1979, Familienbesitz, S. 8.

ten ausfiel. Die Parteikonferenz der USPD am 19. August 1917 in Kiel besuchte Jürgen Jürgensen als Delegierter.[33] Durch die preußischen Behörden systematisch verfolgt und immer am Rande der Zerschlagung stehend, gelang es der USPD 1917 in Schleswig-Holstein nur schwer, eine Parteiorganisation aufzubauen. Personell durch ständige Verhaftungen geschwächt, konnte die USPD 1917 nur langsam Fuß fassen. Max Güth wurde z. B. wegen Unterstützung des „Hungerstreiks" von 1917 zu fünf Jahren Zuchthaus, andere führende Vertreter zu mehrjährigen Haftstrafen wegen Landesverrats oder strafweiser Versetzung ins Heer verurteilt.[34] Damit waren auch die Eckernförder Genossen in einer schwierigen Situation; über Strafverfolgungen ist nichts bekannt. Vermutlich begründete es sich durch ihre relative Stärke: Fast 75 % der Mitglieder des Ortsvereins schienen sich den Unabhängigen angeschlossen zu haben, wenn man die Angaben über die Mitgliederstärke der USPD mit denen der damaligen (Gesamt-)SPD vergleicht. Der restliche Teil verblieb in der nun im Reich MSPD genannten Partei.

Ein politisches Pamphlet Dazu ein weiterer bemerkenswerter Vorgang: Am 12. Juli 1917 sandte Jürgen Jürgensen ein dreiseitiges Schreiben[35] an das „Königliche Landratsamt Eckernförde", offensichtlich als Schulaufsichtsbehörde, und kritisierte das Verteilen eines Flugblattes in den Klassenzimmern. Er sah die Schule zur Neutralität verpflichtet und verurteilte das Schriftstück als einseitige Stellungnahme zu einem Problem durch eine bestimmte politische Richtung, auch als „gröbste Beschimpfung" der Sozialdemokratie. Gleichzeitig verwies er darauf, die einseitige Stellungnahme seiner Partei zu einem Problem ebenfalls abzulehnen. Seine Befürchtung ging dahin, durch eine derartige Vorgehensweise könnte das Verhältnis zwischen Eltern und Lehrern getrübt werden.

33 LAS, 320 Eck, Nr. 1816.

34 Ebd.

35 Ebd.

Das Pamphlet enthält wirre Gedanken zum Kriegsverlauf im Jahre 1917 und empfiehlt der sozialdemokratischen Arbeiterschaft imperialistische Vorgehensweise im Kolonialismus. Insofern könnte es als „gröbste Beschimpfung" gesehen werden, da eine derartige Ideologie der Sozialdemokratie äußerst fern liegt. Tatsächlich war 1917 die Konferenz der Sozialisten in Stockholm geplant, die sich bemühen wollten, einen Weg zu einem sicheren Frieden zu ebnen:

Ankunft der Delegation der USPD (Deutschland) am 22. Juni 1917: Eduard Bernstein, Hugo Haase, Karl Kautsky, Joseph Herzfeld, zusammen mit Nina Bang (Dänemark), J.W. Albarda (Holland) und Arthur Engberg (Schweden).[36]

Es war ein Versuch informeller Diplomatie, der mit großer Aufmerksamkeit und im Allgemeinen mit Misstrauen von Seiten der Regierungen verfolgt wurde. Die geplante Konferenz kam nicht zustande, aber der Friedensgedanke wurde zumindest konkretisiert und als positive Utopie aktualisiert. Die Bemühungen der interna-

36 https://socialhistoryportal.org/stockholm1917/images, 5. 8. 2020.

tionalen Sozialdemokratie, die Stockholmer Friedenskonferenz von 1917 zu organisieren, erbrachten ein reichhaltiges Material.

Tatsächlich war es ein ungünstiger Zeitpunkt für die Zusammenkunft: Man verspürte einerseits größte Kriegsmüdigkeit, zugleich auch neue Hoffnung auf den Sieg, nicht aber auf Seiten der Mittelmächte. Sie waren völlig unterlegen, sie konnten eben nicht „gegen eine Welt von Feinden bestehen", wie es der deutsche Kaiser zu Kriegsbeginn siegesgewiss formuliert hatte. Während die Mittelmächte auf dem europäischen Hauptschauplatz im Zweifrontenkrieg gefangen waren, begann der Krieg mittlerweile globale Dimensionen anzunehmen: Die kolonialen Vorstellungen der Großmächte traten in den Vordergrund. Hier wurden vor allem die vitalen Interessen des Britischen Empires berührt, das in Europa selbst – anders als die übrigen Kriegsparteien – keine territorialen Forderungen erhoben hatte. Vor allem der Eintritt der USA in den Krieg als Folge der totalen Ausweitung des U-Boot-Krieges gegen England brachte eine große Kräfteverschiebung.

Wenn Wilhelm Stahl, der Schlosser aus Bremen, angeblicher Verfasser des wirren Pamphlets, den Zeitpunkt für Aktivitäten gekommen sah, „da wir jetzt auf allen Seiten im Siegen sind", zeigt sich hier einmal mehr seine Inkompetenz.

Landrat George von Schröder geht in seiner Antwort zur Ablehnung dieser einseitigen Stellungnahme zwar konform mit Jürgensen, interpretiert aber mit etwas geringer Kenntnis der Kriegslage. Zum Zeitpunkt 1917 deutet sich ein „schlechter Friedensschluss, der dem deutschen Arbeiter zum Verderben gereichen muss", bereits an, prophylaktisches „Aufklären" über seine Folgen, um ihn abzuwehren, kommt also spät.

Nachfolgend Korrespondenz Jürgensen/Landrat, Flugblatt.

Eckernförde, den 12. Juli 1917.

Betr. Flugblattverbreitung durch die Schule in Eckernförde.

Am Montag den 9. Juli sind den Schulkindern durch die Leiter der Klassen Flugblätter zur Weitergabe an die Eltern oder sonstigen Haushaltungsvorstände übergeben.

Gegen diese Art der Flugblattverbreitung müssen wir, da es sich um ein ausgesprochen politisches Flugblatt handelt, auf das Entschiedenste protestieren.

Zur Begründung führen wir folgendes an.

Wenn die Schule als solche sich in den Dienst einer bestimmten politischen Partei oder bestimmter politischer Ziele verfolgender Personen stellt, so trägt eine solche einseitige Stellungnahme für die Schule selbst eine große Gefahr in sich. Die verantwortlichen Behörden haben das selbst darauf zu achten, daß durch das Vorgehen der geschilderten Art Konflikte, die die Aufgaben der Schule sehr ungünstig beeinflussen müssen, unvermeidlich sind. Es sei nur darauf hingewiesen daß Kinder von Angehörigen sämtlicher politischen Parteien gemeinsam die Volksschule besuchen.

An
den Königl. Landrat
in
Eckernförde.

besuchen müssen. Wenn nun wie im vorliegenden Fall ein Flugblatt an die Kinder von Sozialdemokraten, in dem die Anhänger dieser Partei auf das gröbste beschimpft werden, verteilt wird, so muß es unbedingt zu Auseinandersetzungen zwischen Eltern und den größeren Kindern kommen. Es ist wohl ohne weiteres klar, daß bei diesen Auseinandersetzungen der Einfluß der Eltern gegenüber dem der Lehrer fast ausnahmslos überwiegen wird; die Folge wird eine bedauerliche Trübung der Verhältnisse der Schulkinder, Eltern und Lehrer zueinander sein, die nur äußerst ungünstig auf die wahre Aufgabe der Schule, auf die Heranbildung der Jugend zu selbständigen Menschen, ~~äußerst~~ einwirken muß. Wie wir diese Flugblätterverteilung und politische Agitation verurteilen, so würden wir selbstverständlich auch dagegen Verwahrung einlegen, wenn vielleicht in umgekehrter Weise versucht werden sollte, durch die Schule für eine bestimmte politische Partei Stimmung zu machen. Nach unserer Ansicht ist die Schule mit Erfüllung ihrer Aufgabe der Erziehung der Jugend zu brauchbaren Gliedern der menschlichen Gesellschaft an das Ziel des Erreichbaren und Möglichen angelangt. Es würde zu unhaltbaren Zuständen führen, wenn jede politische Partei die Schule als solche in den Dienst ihrer Agitation stellen würde; letzteres würde aber damit zu rechnen sein, da die Schule eine öffentliche Einrichtung ist und schließlich, wenn mit diesen Kriegervorfällen nicht aufgeräumt

wird

wird, gleiches Recht für alle gelten müsse.

Wir sind der Ansicht, daß die Schule sich in den Grenzen der vorher skizzierten Aufgaben zu betätigen und von der Politik gänzlich fernzuhalten hat. Erfreulicherweise stehen wir mit unserer Ansicht nicht allein da, sondern können uns auf einsichtige Schulmänner berufen, die denselben Standpunkt einnehmen. Selbstverständlich bleibt das persönliche Recht der Lehrer sich auf Grund seiner Weltanschauung zu betätigen und Anhänger für seine politische Überzeugung zu werben, unberührt. Es hat wohl niemand mehr bedauert als wir, daß unserer deutschen Lehrerschaft eine durch nichts gerechtfertigte Bevormundung und politische Entrechtung zu teil wird. Wir hegen die wenn auch nur schwache Hoffnung, daß der Krieg mit seinen Begleiterscheinungen auch damit aufräumen und den Lehrer als gleichberechtigten Staatsbürger hinstellen helfen wird.

Wir bitten nun, dafür Sorge tragen zu wollen, daß in Zukunft jede politische Agitation aus den Schulen ferngehalten wird. Jeder Staatsbürger und Politiker mag für seine Überzeugung wirken, wie er es seinem Gewissen gegenüber verantworten kann. Im Interesse der Schule im Interesse einer gedeihlichen Fortentwicklung der Bildungsarbeit der Volksschule die durch den Krieg außerordentlich gelitten hat, erscheint uns dieser Schritt notwendig.

Ein Exemplar der Flugblätter: „Die Zukunft der deutschen Arbeiter!" ausgegeben v. Wilhelm Wahl, Schlosser in Bremen, fügen wir bei und bitten uns Ihre Entschließung in der Sache mitteilen zu zu melden.

Sozialdemokr. Ortsverein
Eckernförde.
U. S. P. D.
Der Vorstand
I. A. J. Jürgensen. 1 Vorsitzender.

Eckernförde, den 14. Juli [illegible]

[illegible]

Transskript

An
das Königl. Landratsamt
Eckernförde

Eckernförde, den 12. Juli 1917

Betr. Flugblattverbreitung durch die Schule in Eckernförde

Am Montag, den 1. Juli sind den Schulkindern durch die Leiter der Klassen Flugblätter zur Weitergabe an die Eltern oder sonstigen Haushaltungsvorstände übergeben.

Gegen diese Art der Flugblattverbreitung müssen wir, da es sich um ein ausgesprochen politisches Flugblatt handelt, auf das Entschiedenste protestieren.

Zur Begründung führen wir folgendes an. Wenn die Schule als solche sich in den Dienst einer bestimmten politischen Partei oder bestimmter politischer Ziele verfolgender Personen stellt, so birgt eine solche einseitige Stellungnahme für die Schule stets eine große Gefahr in sich. Die verantwortlichen Behörden haben doch stets damit zu rechnen, daß durch das Vorgehen der geschilderten Art Konflikte, die die Aufgaben der Schule sehr ungünstig beeinflussen müssen, unvermeidlich sind. Es sei nur darauf hingewiesen, daß Kinder von Angehörigen sämtlicher politischen Parteien gemeinsam die Volksschule besuchen müssen. Wenn nun wie in vorliegendem Fall ein Flugblatt an die Kinder von Sozialdemokraten, in dem die Anhänger dieser Partei auf das gröbste beschimpft werden, verteilt wird, so muß es unbedingt zu Auseinandersetzungen zwischen Eltern und den größeren Kindern kommen. Es ist wohl ohne weiteres klar, daß bei diesen Auseinander-

setzungen der Einfluß der Eltern gegenüber dem der Lehrer fast ausnahmslos überwiegen wird; die Folge wird eine bedauerliche Trübung des Verhältnisses der Schulkinder, Eltern und Lehrer zueinander sein, die nur äußerst ungünstig auf die wahre Aufgabe der Schule, auf die Heranbildung der Jugend zu selbständigen Menschen einwirken muß. Wie wir diese Flugblattverbreitung und politische Agitation verurteilen, so würden wir selbstverständlich auch dagegen Verwahrung einlegen, wenn vielleicht in umgekehrter Weise versucht werden sollte, durch die Schule für eine bestimmte politische Partei Stimmung zu machen. Nach unserer Ansicht ist die Schule mit Erfüllung ihrer Aufgabe der Erziehung der Jugend zu brauchbaren Gliedern der menschlichen Gesellschaft an das Ziel des Erreichbaren und Möglichen angelangt. Es würde zu unhaltbaren Zuständen führen, wenn jede politische Partei die Schule als solche in den Dienst ihrer Agitation stellen würde; letzten Endes würde aber damit zu rechnen sein, da die Schule eine öffentliche Einrichtung ist und schließlich, wenn mit diesen Präzedenzfällen nicht aufgeräumt würde, gleiches Recht für alle Menschen gelten müßte.

Wir sind der Ansicht, daß die Schule sich in den Grenzen der vorher skizzierten Aufgaben zu betätigen und von der Politik gänzlich fernzuhalten hat. Erfreulicherweise stehen wir mit unserer Ansicht nicht alleine da, sondern können uns auf einsichtige Schulmänner berufen, die denselben Standpunkt einnehmen. Selbstverständlich bleibt das persönliche Recht des Lehrers, sich auf Grund seiner Weltanschauung zu betätigen und Anhänger für seine politische Überzeugung zu werben, unberührt. Es hat wohl niemand mehr bedauert wie wir, daß unserer deutschen Lehrerschaft eine durch nichts gerechtfertigte Bevormundung und politische Entrechtung zu teil wird. Wir hegen die wenn auch nur schwache Hoffnung, daß der Krieg mit seinen Begleiterscheinungen auch damit aufräumen und die Lehrer als gleichberechtigte Staatsbürger hinstellen helfen wird.

Wir bitten nun, dafür Sorge tragen zu wollen, daß in Zukunft jede politische Agitation aus den Schulen ferngehalten wird. Jeder Staats-

bürger und Politiker mag für seine Überzeugung wirken, wie er es seinem Gewissen gegenüber verantworten kann. Im Interesse der Schule im Interesse einer gedeihlichen Fortentwicklung der Bildungsarbeit der Volksschule, die durch den Krieg außerordentlich gelitten hat, erscheint uns dieser Schritt notwendig.

Ein Exemplar des Flugblattes „Die Zukunft der deutschen Arbeiter!" angeblich v. Wilhelm Wahl, Schlosser in Bremen, fügen wir bei und bitten uns Ihre Entschließung in der Sache mitteilen zu wollen.

Sozialdemokr. Ortsverein Eckernförde
USPD
der Vorstand
i. A. gez. J. Jürgensen 1. Vorsitzender

Antwort

Auf die gef. Eingabe vom 12. des Mts., betr. Flugblattverbreitung durch die Schule in Eckernförde, erwidere ich ergebenst, wie ich durchaus der dortigen Ansicht bin, daß Flugblätter, die für oder ppc eine politische Partei Propaganda machen, nicht durch Schulkinder verteilt werden dürfen.

Das anbei zurückverfolgende Flugblatt hat nun nicht weiter eine parteipolitische Tendenz noch enthält es eine Beschimpfung der Anhänger der sozialdemokratischen Partei.

Es will lediglich die Arbeiter darüber aufklären, daß ein schlechter Friedensschluß auch dem deutschen Arbeiter zum Verderben gereichen muß. Ich habe daher keinen Grund in der vorliegenden Angelegenheit etwas Weiteres zu veranlassen.

Unterschrift (Landrat)

Die Zukunft der deutschen Arbeiter!

Bremen, im Mai 1917.

Arbeiter!

Das einzige Mittel, um Deutschland mit seinem kräftigen und intelligenten Arbeiterstand vor gänzlichem Niedergang zu retten und es wehrfähig gegen die Feinde ringsum zu erhalten, ist nicht allein die Wiedererwerbung unserer sämtlichen Kolonien, sondern eine Vermehrung derselben durch den Friedensschluß. In den Kolonien können alle überschüssigen deutschen Kräfte für das Vaterland und für sich selbst gewinnbringende Beschäftigung finden und zwar durch Anbau von Baumwolle, Schafzucht, Wege- und Bahnbau usw. Das Ergebnis wird dann sein, daß Hunderttausende unserer Krieger und Arbeiter sich dauernd in den Kolonien ansiedeln, ihre Familien nachkommen lassen und dem Deutschen Reiche erhalten bleiben. Wie leicht kann es da ein deutscher Arbeiter nach mehreren Jahren Arbeit zu einem Besitz von 40 Morgen Land und einer großen Anzahl von Rindvieh und Schafen bringen und so unter dem Schutz des Deutschen Reiches zu Wohlstand gelangen oder sonst sein Gewerbe unter günstigeren Verhältnissen ausüben als es ihm früher im alten Vaterlande möglich war.

Die alten Kolonialvölker, wie Engländer, Spanier, Portugiesen, Holländer und Franzosen haben dieses System schon seit Jahrhunderten, und Millionen Menschen, die im Vaterlande nichts besaßen, kamen in den Kolonien hoch und wurden reiche Leute, und deren Nachkommen sieht man es heute nicht an, daß ihre Großeltern als ganz arme Leute in die Kolonien gegangen sind.

Wenn nun die sozialdemokratischen Führer in Stockholm zusammenkommen und wenn dann die deutschen Vertreter von einem Frieden ohne Entschädigungen sprechen, dann kann das den Führern der feindlichen Länder nur recht sein, denn Deutschland verschenkt dann das, was es in Händen hat. Dabei verlangen die Franzosen und Engländer aber außerdem noch Teile alten deutschen Besitzes und Kriegsentschädigungen von dem siegreichen Deutschen.

Warum soll der deutsche Arbeiter immer in der ganzen Welt hintenan stehen und nicht jetzt auch die Gelegenheit benutzen, die sich ihm durch die augenblickliche Kriegslage bietet, zu Wohlstand zu gelangen und unendliches Unglück, welches ein schlechter Friedensschluß uns bereiten würde, von sich abzuwenden? Sind wir wirklich so dumm und gutmütig, daß wir aus einem übertriebenen Gerechtigkeitsgefühl heraus uns wieder hineinlegen lassen wollen, während sich die Arbeitermassen unserer Feinde in unseren uns abgenommenen Kolonien bereichern können? Sind wir wirklich solche Michel und Dummköpfe? Soll der deutsche Arbeiter aus Mangel an Arbeit im Vaterlande gezwungen werden, in Feindesland zu gehen, um da Arbeit zu bekommen? Sollen wir diesen Augenblick, in dem sich unser Schicksal zum Bessern wenden kann, unbenutzt lassen?

Kolonien in Afrika oder sonstwo haben aber gar keinen Zweck und würden uns im nächsten Kriege wieder abgenommen werden, wenn nicht das Vaterland selbst stark genug ist, dieselben gegen jeden Angriff zu schützen. Diese Kraft haben wir aber augenblicklich in Händen, das beweist die jetzige Kriegslage, und wäre es eine große Unvernunft, wenn wir die besetzten Gebiete in einer solchen Weise wieder herausgeben würden, daß dieselben wieder Angriffsgebiete gegen uns **anstatt Schutzgebiete für uns** würden. Warum sollen wir immer unsern Feinden und deren unverschämten Forderungen entgegenkommen, nur weil einige Führer das wünschen, weil sie wissen, daß ein verarmter Arbeiterstand leichter ihren Einfluß unterliegt, als einer, der sich wohl fühlt und Aussicht hat, in die Höhe zu kommen. **Fragt doch einmal die feldgrauen Krieger,** ob die all das Land wieder heraus geben möchten, das wir erobert haben. Hätten wir Elsaß-Lothringen in diesem Kriege nicht gehabt, dann hätten wir es unter Aufopferung einer Unzahl Menschen wieder erobern müssen, und dasselbe würde der Fall sein in einem zukünftigen Kriege, mit Belgien, einem Teil von Frankreich, Polen, und den baltischen Provinzen.

Sichern wir uns die eroberten Länder in der Weise, daß sie nicht wieder zum Aufmarschgebiet für unsere Feinde werden können, dann genügt das, um uns **so stark** zu machen, **daß keine Vereinigung von Völkern uns je wieder angreift** und daß man uns auch unsere Kolonien, die ein günstiger Friedensschluß uns zum Wohle des deutschen Arbeiterstandes bringen muß, in aller Ruhe beläßt.

Die Geschichte mit dem Raben und dem Fuchs findet hier Anwendung, wo der Rabe ein Stück Fleisch im Schnabel hat und der Fuchs ihm sagt, er hätte doch eine solch schöne Stimme, er möchte doch einmal singen. Der Rabe öffnet den Schnabel, das Fleisch fällt hinunter, und der Fuchs frißt es. So wird auch den deutschen Sozialdemokraten jetzt von den englischen und französischen gesagt: „Ihr seid ein solch gerechtes Volk, Euer Feind ist das Militär-System." Dabei ist das englische und französische Militär-System viel schlimmer. **Unsere Vertreter sollen beschwatzt werden,** daß Deutschland alle Vorteile wieder herausgeben soll, damit **auf Kosten des deutschen Arbeiterstandes** der englische und französische sich bereichern können. **Herausgeben kann man immer, wenn man das für recht hält, aber wiederbekommen ist schwer, wenn man es nötig hat.**

Die Vereinigten Staaten von Nordamerika sind eine große Demokratie, aber der Herrscher daselbst ist das Großkapital und dessen Vertreter ist Präsident Wilson, der ohne Einschränkung mit seinem Lande verfährt, wie es ihm paßt und wie ein moderner Herrscher in einer gesunden Monarchie es niemals wagen könnte, denn der Deutsche folgt seinem Herrscher nur mit gutem Willen zum Kriege, wenn er sieht, daß der Krieg auch ein gerechter und ein Verteidigungskrieg ist. Aber der Krieg der Vereinigten Staaten gegen uns ist eine **himmelschreiende Ungerechtigkeit.** Derselbe zielt nur darauf ab, den deutschen Handel und die deutsche Schiffahrt in der ganzen Welt zu zerstören, um die eigene Schiffahrt und den eigenen Handel an ihre Stelle zu setzen.

In Frankreich hat die Republik dem Lande nur Unheil und viele Kriege und mit diesem Kriege fast den Untergang der ganzen Nation gebracht. Auch in Frankreich regiert das Großkapital. **Die Arbeiter glaubten da zu herrschen,** ebenso wie in den Vereinigten Staaten und in England, aber dieser Krieg hat ihnen gezeigt, wie man sie in demokratischen Ländern behandelt. Wer gleiche Pflichten hat, der hat auch gleiche Rechte! Das ist in Deutschland der Fall, aber nicht in England, Frankreich und den Vereinigten Staaten.

Aufrührer in Frankreich haben sich zu allen Zeiten bei ihren Umstürzen auf die Arbeiter gestützt, um die Regierung zu stürzen. Nachher stützten sie sich aber auf die Polizei, um die Arbeiter wieder zu unterjochen. Mit schönen Redensarten und großartigen Versprechungen ist noch nie die Welt gut regiert worden. Dem englischen und französischen Arbeiter kann mit Recht viel mehr Blödsinn seitens seiner Regierenden geboten werden, weil er eine schlechtere Schulbildung als der deutsche Arbeiter hat und nur das von der Weltgeschichte weiß, was seine Regierung ihn wissen lassen will.

Wenn wir jetzt, da wir auf allen Seiten in Siegen sind, einen faulen Frieden machen, **dann wird der gutmütige Deutsche wieder wie früher in der ganzen Welt ausgelacht.** Er kann sich dann wieder an schönen Reden berauschen, aber **zu essen bekommt er damit nichts, sondern er verarmt endlos.** Muß der Deutsche sich denn immer vor andern fremden Nationen verbeugen, und darf er nicht auch einmal stolz sein Haupt erheben?

Wenn wir keine Kolonien bekommen, dann werden die Länder, welche Kolonien haben, ihre Rohstoffe bei uns verarbeiten lassen, das feindliche Ausland und das feindliche Kapital werden unsere Arbeitgeber und **wir werden ihre Lohnsklaven und ihre Kriegssträflinge.**

Arbeiter, macht die Augen auf!

Wilhelm Wahl, Schlosser.

Um Nachdruck wird ersucht.

Revolution von 1918 / Kapp-Lüttwitz-Putsch Zum Beginn der Novemberrevolution am 4. November 1918 zogen in Eckernförde die hier stationierten Marinesoldaten – teilweise bewaffnet – durch die Stadt, befreiten einen inhaftierten Soldaten aus dem Amtsgericht und hissten die rote Flagge auf ihren Wohnschiffen. Auch in den Kleinstädten Schleswig-Holsteins fand also die Revolution statt.[37] Am 5. November rief dann ein inzwischen gegründeter kommissarischer „Arbeiter- und Soldatenrat" zu einer Versammlung in die Gaststätte „Stadt Hamburg" auf, die aber wegen des großen Andranges auf den „Exer" (Exerzierplatz) verlegt werden musste. Als Vorsitzender war Otto Jünger, MSPD, gewählt worden. Er stellte einen vorläufigen Aktionsausschuss vor, betonte das Bemühen der Aufständischen, ohne Gewalt auszukommen, und kündigte vorerst keine revolutionären Veränderungen an: Das wirtschaftliche Leben solle auch hier ungestört seinen Fortgang nehmen, jeder auf seinem Posten bleiben und diesen voll ausschöpfen. Im Besonderen werde man bemüht bleiben, eine geordnete Lebensmittelversorgung zu gewährleisten. Das Wort gelte auch für die Spitzen der Behörden. Landrat und Bürgermeister sollten ebenfalls ihren Platz behalten und unter Leitung des Aktionsausschusses für das Wohl der Allgemeinheit weiterarbeiten.[38]

Am Abend des 7. Novembers versuchte der Besitzer des Gutes Hemmelmark bei Eckernförde, der Bruder des Kaisers und Generalinspekteur der Kriegsmarine, Prinz Heinrich, von Kiel aus vor den revolutionären Unruhen zu flüchten. Auf der Levensauer Hochbrücke kam es zu einem Vorfall, der nie exakt geklärt werden konnte. Zwei Matrosen hatten um Mitfahrt gebeten, standen auf den Trittbrettern des Wagens. Eine Straßenkontrolle aufständischer Matrosen eröffnete aus einem Missverständnis heraus das Feuer und traf den aus Eckernförde stammenden Matrosen O. Schlüder tödlich. – Die Beerdigung erfolgte am nächsten Tage in seiner Heimatstadt.

37 www.vimu.info/general_04.jsp?id=mod_9_3...de, 16. 12. 09.

38 Rolf Schulte: Revolution in der Provinz, Eckernförde 1918/19. In: DG, Bd. 2 (1987). S. 96 f.

Das Gerücht, der Prinz habe geschossen, wurde als unwahr schnell verworfen.

Der „Arbeiter- und Soldatenrat" hatte Anfang November anscheinend keine langfristigen Zielvorstellungen. Der „Aufstand" war nicht von langer Hand vorbereitet gewesen, sondern entstand spontan aus einer Art Verantwortungsgefühl für die im Krieg ausgemergelte Bevölkerung. Mit der nicht mehr zu verheimlichenden Niederlage und dem Versuch des Marinestabs, Teile der Kriegsmarine noch in eine nutzlose Schlacht zu schicken, wie aus Wilhelmshaven bekannt geworden war, galten die alten Autoritäten nicht mehr. Nun schien vielmehr die Zeit der für das Vaterland sorgenden, aber früher gebrandmarkten „vaterlandslosen Gesellen" angebrochen zu sein.

In Eckernförde wurden nicht nur Beigeordnete zur Kontrolle der bisherigen Ämter abgestellt, sondern man versuchte offenbar auch eigenständig, eine öffentliche Verwaltung entlang der bisherigen Stellen zu organisieren bzw. aufrechtzuerhalten.[39]

Manche Namen, die schon bisher durch ihre politische Tätigkeit bekannt waren, tauchten vermehrt auf, u. a. Jürgen Jürgensen, Scharfenberg, Jünger, Witt, Ringer.

Der vom Vollzugsausschuss als Beigeordneter des Landrates ernannte Arbeiter Jürgen Jürgensen von der USPD rief im Einvernehmen mit Jünger dazu auf, den alten Kräften nicht wieder die Macht zu übertragen. Eins stand für den Eckernförder „Arbeiter- und Soldatenrat" fest: Am Ende einer Revolution sollte ein demokratischer Staat ohne militaristische Relikte aus dem Kaiserreich stehen. Mit der Entlassung des Heeres im ganzen Reich zog es auch die in Eckernförde stationierten Soldaten in ihre Heimatstädte. Somit löste sich der Soldatenrat in Eckernförde auf, der Arbeiterrat arbeitete allein. Und im Dezember war die Revolution in Eckernförde eigentlich schon beendet. Gegen die lokalen Räte, die neue Reichsleitung

39 Ebd. S. 98.

1. Kreisernährungsamt.

Vertreter: Ringer, Huber und Schönfelder (Friedrichsort), als Beigeordn. Jünger.

2. Kreisarbeitsamt.

Vertreter: H. Witt und Hecht (Friedrichsort), als Beigeordneter Jünger.

3. Soziales, Wohnungsfrage und Wohnungswesen.

Vertreter: Jürg. Jürgensen und Scharfenberg, als Beigeordneter Schumann.

4. Bildungs- und Schulwesen.

Vertreter: Lehrer a. D. Ehlers, Huber und Panitzki (Friedrichsort).

5. Preisprüfungsstelle.

Vertreter: Fr. Lange und Krautz.

6. Aufklärung und Presse.

Vertr.: Jürg. Jürgensen u. Scharfenberg.

7. Kommunalverband — Landratsamt.

Vertreter: Otto Jünger.

8. Fischerei.

Vertreter: Wilhelm Stöcken.

9. Transportwesen.

Vertreter: Sergt. Lüders.

10. Sicherheitsdienst.

Vertreter: Sergt. Lüders und Schumann.

Als Vertreter des Arbeiterrats im Kreisausschuß:

Jünger und Witt für Eckernförde.

Panitzki und Ehnes für den südlichen Teil des Kreises.

Vertreter des Arbeiterrats im Magistrat Eckernförde:

Jürg. Jürgensen und Scharfenberg.

und allgemein gegen die Umwälzung hatte sich in Eckernförde kein Widerstand erhoben. Der Eckernförder Arbeiterrat konnte ohne schwere Konflikte mit den Behörden die dringend zu lösenden Tagesprobleme nach dem Waffenstillstandabschluss regeln. Eckernförde schien gleitend vom Kaiserreich in den neuen, noch nicht klar definierten Staat übergegangen zu sein.[40]

Am frühen Morgen des 13. März 1920 besetzt Reichswehrgeneral Walter Freiherr von Lüttwitz mit der „Marinebrigade Ehrhardt", deren Auflösung gerade von der Reichsregierung verfügt worden war, das Berliner Regierungsviertel und ernennt den deutschnationalen Politiker Wolfgang Kapp zum Reichskanzler. Die Reichswehr weigert sich, gegen die Putschisten militärisch vorzugehen („Reichswehr schießt nicht auf Reichswehr"). Der SPD-Vorsitzende Otto Wels und führende sozialdemokratische Regierungsmitglieder rufen daraufhin zum Generalstreik auf. Die Ministerialbürokratie weigert sich, Kapps Anweisungen Folge zu leisten. Der Kapp-Lüttwitz-Putsch ist danach innerhalb von wenigen Tagen beendet.

„Julius Leber, der als junger Leutnant seine linksgerichtete Einstellung nicht verbarg und dadurch zeitweise in ernsthafte Schwierigkeiten geriet, bezeichnete seinerzeit die Putschisten als ‚kleine reaktionäre Gruppe, deren Ziele und Vorhaben eine politische Unmöglichkeit bedeuten und nur geeignet sind, die sich langsam anbahnende Gesundung der Zustände zu zerstören und das Volk in neues Unglück zu stürzen."[41]

Gerüchte über eine bevorstehende Aktion zogen früh im Jahre 1920 durch das Land, wurden aber in vielen Regionen nicht ernst genommen. In Eckernförde war man allerdings vorgewarnt: Bei einer Hausdurchsuchung auf dem Gut Hemmelmark des Prinzen Heinrich fanden sich schon 1919 Handgranaten und Gewehre, auf den Gütern Königsförde und Warleberg wenig später ebenfalls.

---

40 Schulte, 1987, S. 102 ff.

41 Julius Leber, Ein Mann geht seinen Weg, Schriften, Reden, Berichte, herausgegeben von seinen Freunden, Berlin 1952 S. 269 f.

Zuletzt entdeckte man im Frühjahr 1920 ein Waffenlager auf dem Gut Ludwigsburg, das damals dem Grafen von Ahlefeldt[42] gehörte. Als dann am 13. März Soldaten der Brigade Ehrhardt mit Hakenkreuzen und der kaiserlichen Fahne in Berlin einmarschierten, traf zwei Tage später ein Schiff der Kriegsmarine aus Kiel, wo der Putsch schnell radikale Formen annahm, in Eckernförde ein, um ihn hier durchzusetzen.

Landrat und Bürgermeister der Stadt unterstützten die Aktion. Landrat Hans Freiherr von Schröder hatte ein öffentlich verbreitetes Flugblatt unterzeichnet, das den Putsch guthieß und Truppen aus Schleswig[43] zur Zerschlagung der Arbeiterwehr und der Streikaktionen angefordert.[44] Es zeigte sich deutlich, wie wenig Rückhalt die Demokratie bei den meisten nach der Revolution nicht ausgetauschten Führungskräften in Militär und Verwaltung fand. Viele Offiziere und einige Verwaltungsspitzen in Schleswig-Holstein sympathisierten mit den Putschisten, während Arbeiter „ihre“ Republik verteidigten.[45] Sie trafen in Eckernförde auf ein Freikorps unter der Leitung des Gutsbesitzers Kellinghusen/Eschelsmark, das bereits in der vorausgegangenen Nacht in die Stadt eingedrungen war und, mit Maschinengewehren wie Handgranaten bewaffnet, die wichtigsten Ämter besetzt hatte.[46] Jürgen Jürgensen wurde verhaftet, Richard Vosgerau konnte der Verhaftung rechtzeitig entgehen. Sein ältester Sohn gleichen Namens, damals 11 Jahre alt, berichtet: „Bei uns zu Hause erschien ein Haufe dieser mit Stahl-

42 Der Fund ist mit einem Bericht Jürgen Jürgensens im Protokollbuch der Eckernförder USPD am 3. 2. 1920 unter Punkt 5 der Tagesordnung festgehalten.

43 In Schleswig hatte sich der Kommandeur des 3. und 4. Schwadron des in Schloss Gottorp liegenden 14. Reiterregiments, Major von Lattorf, schon am Morgen des 13. März zu den Putschisten bekannt. Er ließ den Beigeordneten des Regierungspräsidenten, Eduard Adler, verhaften, nachdem dieser am 14. März die Bevölkerung aufgefordert hatte, treu zur legalen Regierung zu stehen (Matthias Schartl, Landräte und Kapp-Putsch 1920 im nördlichen Schleswig-Holstein, in: DG, Bd. 8 (1993), S. 191.)

44 Uwe Fentsahm: Der schwierige Umgang mit der Demokratie 1920, in: DG, Bd. 8 (1993), S. 162 f.

45 www.vimu.info/general_04.jsp?id=mod_9... 31. 12. 09.

46 Schulte, 1987, S. 187.

helm und Gewehr bewaffneten Gestalten. Sie kommandierten herum, rissen Türen und Schränke auf, krochen unter die Betten und schmissen alles durcheinander, aber den Vater fanden sie nicht."[47]

Die Eckernförder Arbeiterschaft wehrt sich. Man hatte ja vom Kriege her noch reichlich Erfahrung und für alle Fälle auch Gewehre und Munition verborgen gehalten. Im Gewerkschaftshaus tritt ein Aktionsausschuss zusammen, der sich dem Putsch notfalls mit Waffengewalt entgegenstellen und den Generalstreik durchsetzen will. Er beschließt einen Streikaufruf an die Arbeiter der TVA (Torpedoversuchsanstalt der Marine), beschlagnahmt in der Umgebung Fahrzeuge und Waffen, u. a. bei der Gräfin von Reventlou in Damp und einem Förster in Lindaunis, dazu das erste Auto Eckernfördes beim Holzhändler Timm.

Die Putschisten patrouillieren in den Straßen. Ihr Führer, der Gutsbesitzer Kellinghusen, gerät allerdings am 16. März auf einer Fahrt nach Rendsburg in eine Arbeiterkontrolle. Sein beim Prinzen Heinrich konfisziertes Fahrzeug sowie mehrere Waffen werden ihm und seinen Begleitern abgenommen; sie kehren zu Fuß nach Eckernförde zurück. – Es kommt zu offenen Zusammenstößen. In der Langebrückstraße treffen Soldaten und Arbeiterwehr aufeinander, Verwundete sind zu beklagen. Arbeiter umstellen das von den Putschisten besetzte Kreishaus und das Seminar. Ein Teil liegt mit schussbereiten Gewehren in Deckung, gut geschützt durch die Grabsteine des alten Friedhofs, eröffnet das Feuer, sobald sich der Gegner zeigt.

Durch eine List gelingt es der demokratischen Seite, die Anzahl der Putschisten im Landratsamt festzustellen: Einigen Arbeitern wird der Zutritt gewährt, weil sie darum bitten, ihr Handwerkszeug vom Vortage abholen zu dürfen. Dabei stellen sie fest, die Besatzung ist ziemlich klein. Der Aktionsausschuss beschließt ein Ultimatum: Er bietet gegen Niederlegung der Waffen freien Abzug, ansonsten werde das Landratsamt gestürmt werden. Als überzeugendes Ar-

47 Vosgerau jun., 1979, S. 28 ff.

gument dient ein Maschinengewehr, das der Gewerkschafter Fiete Lange[48] zu diesem Zweck mit dem Fahrrad aus Schleswig geholt hat, wo der Putsch durch bewaffnete Aktionen der Arbeiterschaft und zähe Verhandlungen beendet werden konnte.[49] Die Lage für die antidemokratischen Kräfte ist hoffnungslos, sie akzeptieren am 17. März das Ultimatum. Die letzten Männer des Freikorps Kellinghusen ziehen sich unter Zurücklassen ihrer Waffen nach Schwansen zurück. – Jürgen Jürgensen wird freigelassen.

Auf einer Sitzung der Eckernförder Sozialdemokraten am 9. April 1920 wird nach den Erfahrungen aus dem Kapp-Putsch, der durch das Zusammengehen aller drei Arbeiterparteien, MSPD, USPD und KPD, niedergeschlagen werden konnte, eine permanente Arbeiterwehr für Eckernförde und Borby angeregt. Man verfüge über genügend Waffen, die an zuverlässige Genossen verteilt werden sollten. Vierzehn Tage später wird bekannt, dass im Kreishaus ein hoher Regierungsvertreter aus Schleswig erschienen sei, mit dem MSPD-Vertreter Ringer und dem USPD-Vertreter Jürgen Jürgensen verhandelt habe und zu dem Ergebnis gekommen sei: Die Genossen hätten die Waffen im Gewerkschaftshaus abzuliefern.[50] Nichtbefolgen ziehe schwere Strafen nach sich. – Auf der Mitgliederversammlung am 13. Juni wurde bekannt, der als Sympathisant Kapps verjagte Bürgermeister Albers habe die Unverfrorenheit besessen, eine Gehaltsnachzahlung zu verlangen. Die Fraktion werde sich der Unverschämtheit mit aller Macht widersetzten.[51]

---

48 Friedrich Lange, aktiver Sozialist und Gewerkschafter, TVA-Handwerker.

49 Durch Vermittlung des Reichskommissars Köster mussten die Offiziere die Übergabebedingungen des Aktionsausschusses annehmen und wurden in Haft genommen. Die Truppe unterstellte sich dem Ausschuss und lieferte ihre Waffen ab (Schartl, 1993, S. 194).

50 LAS , Abt. 320, Nr.1816, Landrat stellt fest: Waffen sind nach dem Kapp-Putsch in den Händen der Arbeiter geblieben, Gefahr: in Eckernförde/Borby eine ganze Anzahl von Arbeitern der äußersten Linken vorhanden, wollen, sobald sie die Macht dazu haben, die Herrschaft des Proletariats durch die Arbeiterräte begründen, Militärgewehre, Maschinengewehre und Handgranaten, Arbeiter als Gegengewicht zu reaktionären Kreisen (Eckernförder Zeitung 10. 5. 20).

51 Vosgerau jun., 1979, S. 10 f.

Eingefügt:

[Bei einer Versammlung auf dem Eckernförder Rathausmarkt[52] am 17. August 1920 wurde die Steuerpolitik der Regierung angeprangert. Für den Fall, dass diese sich nicht ändere, solle es zu reichsweiten Streiks kommen. – Der Bericht erfolgte auf der Grundlage der Verfügung „Staatsgefährliche Umtriebe“ vom 4. Mai 1920.

Rathausmarkt Eckernförde ca. 1920

Jürgen Jürgensen (?) auf der Eckernförder Rathausmarkttreppe

Archiv Heimatgemeinschaft Eckernförde (2 Bilder)

52 LAS, Abt. 318, Eckernförde.

Betrifft : Staatsgefährliche Umtriebe.

Verfügung vom 4. Mai 1920-L. Nr. 2417.-

- - - - -

Zu I,II und III : N i c h t s .

Zu IV: Am Sonnabend, den 17. d. Mts., nachmittags 5 Uhr fand auf dem Rathausmarkt eine Demonstrationsversammlung gegen den 10% igen Steuerabzug statt. Einberufen war die Versammlung vom Vorstand des Gewerkschaftskartells in Eckernförde. Es waren etwa 350-400 Personen anwesend. Als Redner traten der Arbeiter (Gewerkschaftssekretär) Jürgen Jürgensen in Eckernförde und der Arbeiter Richard Vosgerau in Borby auf. Es wurde eine Resolution angenommen, die etwa folgenden Sinn hatte : »Die auf dem Rathausmarkt in Eckernförde am 17. d. Mts. Versammelten protestieren aufs schärfste gegen den 10% igen Steuerabzug; sie verlangen von der Regierung, dass die Steuern von denjenigen erhoben werden, die mehr haben als ein Existenzminimum." Von einem der Redner wurde die Versammlung dazu aufgerufen, darauf hinzuarbeiten, dass die gesamte werktätige Bevölkerung des Reiches an einem bestimmten Tage die Arbeit niederlege, wenn nicht die Regierung diese Forderung erfülle, sonst müsste der Steuerabzug von den Arbeitgebern auf den Lohn aufgeschlagen, der Lohn also entsprechend erhöht werden. Dieser Aufruf fand den Beifall der Versammlung.

Zu V : N i c h t s .

Vorlegen am 3. 8. 1920

E.,d. 22./7.1920.

Pol.-Verw.

I.V.

[illegible]

In den anschließenden Sitzungen des Ortsvereins wurde die Unzufriedenheit der Genossen mit den Ergebnissen des durch die vereinigte Arbeiterschaft erfolgreich abgewehrten Kapp-Putsches, den Differenzen zwischen MSPD und USPD, der Forderung, man müsse den Anschluss an Moskau und Russland vollziehen,[53] immer deutlicher. Die Mitgliederzahl sank von 340 im Januar 1920 auf 149 am 27. August 1922.[54]

Natürlich sprachen sich die Nachrichten über das Vorgehen der Berliner Regierung herum. So wurden die Verfahren gegen die Hauptbeschuldigten in der Provinz, darunter Admiral v. Levetzow, aufgrund der von Reichspräsident Ebert ausgesprochenen Amnestie vom 4. August 1921, die sich in erster Linie auf mögliche Vergehen der politischen Linken bei der Verteidigung der Republik beziehen sollte, eingestellt. Das Reichsgericht erklärte, dass sämtliche Beschuldigte „weder Urheber noch Führer eines hochverräterischen Unternehmens im Sinne des § 1, Abs. 2 des Gesetzes über die Straffreiheit vom 4. August 1920 gewesen" seien. Im Jahre 1922 waren von 705 der Teilnahme am Putsch verdächtigen Männern 412 Straftäter amnestiert, 109 Täter starben oder konnten sich der Strafverfolgung durch Flucht entziehen. In 176 Fällen war das Verfahren eingestellt worden, nur ein prominentes Mitglied der Kapp-Regierung, der als Innenminister fungierende ehemalige Berliner Polizeipräsident Traugott von Jagow, wurde zu einer Haftstrafe von fünf Jahren Festung verurteilt. Von 775 beschuldigten Offizieren in Heer und Marine wurden lediglich 48 aus dem Dienst entfernt, in 186 Fällen wurde das Verfahren eingestellt, die vor Gericht gestellten Offiziere wurden zu insgesamt nur fünf Jahren Gefängnis verurteilt.[55] Die Chance zu einer Reform der Reichswehr, die nach der Abwehr des Umsturzversuches bestand, sollte in der Weimarer Republik nie wiederkehren.[56]

53 Es wurde auf der Mitgliederversammlung am 21. 9. 20 abgelehnt (Ebd., S. 11).

54 Ebd., S. 11 ff.

55 Schartl, 1993, S. 203.

56 Regina Rocca: Der Kapp-Lüttwitz-Putsch in Kiel, in: DG, Bd. 3 (1988), S. 303.

In der Mitgliederversammlung vom 11. Juli 1922 kam das Unverständnis darüber zum Ausdruck, dass die (Berliner, Verf.) USPD eine Regierungskoalition mit der SPD eingegangen war. Das hatte der Hauptvorstand der Partei mit 39 zu 26 Stimmen beschlossen. Das Gefühl, die Existenzberechtigung der USPD werde infrage gestellt, begann sich zunehmend auszubreiten.[57] Richard Vosgerau äußerte dazu die Ansicht, es bleibe nur die Konsequenz, zur Mehrheit zurückzukehren oder zur Kommunistischen Partei überzutreten. Noch im selben Jahr traf die überwiegende Mitgliederanzahl der USPD und mit ihr der Eckernförder Ortsverein[58] eine Entscheidung: Die USPD ging in einer wiedervereinigen SPD auf.[59]

Die deutliche Festlegung auf die Rückkehr zum alten Weg war eine Folgerung daraus, dass die USPD selten eine eigene positive Zielrichtung entwickelte und häufig nur auf die politischen Entscheidungen der MSPD reagierte. Ihre ureigenste Zielsetzung war die Auflösung des „Burgfriedens“ mit dem Kaiserreich und die Beendigung des Krieges gewesen. Insofern war die USPD als Produkt einer vorübergehenden Kriegslage entstanden. Sie war so nicht mit einer klaren sozialistischen Alternative gegenüber der MSPD gegründet worden, sondern lediglich ein Schutz- und Trutzbündnis der Parteioppositionellen gewesen. Die Haltung konnte die USPD auch nach 1918 nicht überwinden. Ihre innere Uneinheitlichkeit und Zerrissenheit in mehrere Flügel hemmte nun, nachdem das erste gemeinsame Ziel, der Frieden, erreicht war, eine überzeugende Parteiarbeit nach außen. Diese Heterogenität lähmte auch die Diskussion praktischer und theoretischer Alternativen zur MSDP und KPD. Statt über ökonomische Entwicklungen der Nachkriegszeit, Erfahrungen der „halbierten“ deutschen Revolution, Perspektiven

57 Vosgerau jun., 1979, S. 12 f.

58 In den meisten der in dieser Arbeit zitierten Quellen ist von einem „Arbeiterbildungsverein für Eckernförde, Ortsverein Eckernförde, Eckernförder Sozialdemokraten“ etc. die Rede. Tatsächlich ist Borby gemeint, das bis 1933 als selbstständige Gemeinde bezeichnet wurde, aber dennoch eng an Eckernförde angebunden war.

59 Schunck , 1995, S. 11.

und Konzeptionen der sozialistischen Umwandlung Deutschlands zu reflektieren und zu debattieren, standen andere Themen bei der USPD im Vordergrund.[60]

So war dann die Eckernförder SPD wiedervereinigt und der Wechsel im Parteivorsitz zwischen Jürgensen und Vosgerau erneut auf diesen übergegangen.

Seit 1920 war Jürgen Jürgensen Sekretär des Gewerkschaftskartells in Eckernförde und leitete die dortige Rechtsauskunftsstelle. Außerdem war er von 1918 bis 1921 Beigeordneter des Landrates. Danach gehörte er bis 1925 der Stadtverordnetenversammlung an und war zeitweise deren stellvertretender Vorsitzender. – 1920 war Jürgensen Mitbegründer der Gemeinnützigen Baugenossenschaft des Kreises Eckernförde.[61]

1931 gab es einen bedeutenden Anlass, durch den Jürgen Jürgensen und Richard Vosgerau, jetzt Gemeindevorsteher von Borby, wieder in engen Kontakt kamen. Jener war 1929 nach Berlin gezogen, um seiner eigentlichen Wirkungsstätte, dem Preußischen Landtag, näher zu sein:

Schulbau in Borby Wenn auch der Schulerweiterungsbau[62] von 1925 eine erhebliche Leistung darstellte, er blieb ein Notbehelf. Die Schülerzahl war inzwischen auf 260 angewachsen und eine Unterbringung der Schüler nur möglich, indem man sich eines Kunstgriffes bediente: Die Klassenmesszahl wurde auf 60 festgelegt. Der

60 Schulte, 1987, S. 309.

61 LAS, Abt. 355.9 Nr. 380, Eingetragen in das Genossenschaftsregister unter Nr. 33 am 22. Dezember 1920: Gemeinnützige Baugenossenschaft des Kreises Eckernförde, eingetragene Genossenschaft mit beschränkter Haftpflicht in Eckernförde. Gegenstand des Unternehmens ist die Erbauung von Häusern zum Vermieten oder zum Verkauf. Der Zweck der Genossenschaft ist ausdrücklich darauf gerichtet, minderbemittelten Familien oder Personen gesunde und zweckmäßig eingerichtete Wohnungen in eigens erbauten oder angekauften Häusern zu billigen Preisen zu verschaffen. Die Tätigkeit der Genossenschaft ist gemeinnütziger Art und beschränkt sich auf den Kreis Eckernförde. (…)
Amtsgericht Eckernförde, Bilanz der Gemeinnützigen am 31. 12. 1920: Aktiva M 7059771,02, Passiva M 7059771,02, Anzeige im Hamburger Correspondent 13. Januar 1921.

62 Vgl. Ulrich Green: Schulbau in Borby zwischen 1923 und 1931, Jahrbuch der Heimatgemeinschaft Eckernförde, 68. Jg., 2010.

Chronist, Hauptlehrer Gerber, berichtete, 40 Kinder bessergestellter Eltern besuchten die Eckernförder Schulen, obwohl dort ein „Fremdschulgeld" erhoben werde.[63]

Ein weiterer Ausbau war unvermeidbar geworden. 1930 betrug die Schülerzahl 311 Kinder, für 1934 war mit 405 zu rechnen. Der Gemeinderat beschloss am 22. Juli 1930 einen Umbau der Schule. Vorübergehend war von einem Ankauf des ehemaligen Lehrerseminargebäudes die Rede gewesen, aber es hätte die finanziellen Möglichkeiten der Gemeinde überstiegen.[64]

Vosgerau schrieb an die Regierung in Schleswig[65], Abteilung Kirchen- und Schulwesen: „Um die dringende Frage der Schaffung von Schulraum zu lösen, hat sich die Baukommission erneut mit der Möglichkeit der Aufstockung des alten Borbyer Schulgebäudes befasst. Regierungsbaumeister a. D. Kaminski hat die technische Seite des Projekts geprüft und ist zu der Feststellung gekommen, dass eine Aufstockung möglich ist. Die entsprechenden Zeichnungen sind von ihm gefertigt und die Gesamtbaukosten einschließlich Spielplatzerweiterung um 700 qm durch den Schulgarten und Einrichtung der gewonnenen Räume auf rund 55 000 RM veranschlagt." Damit sollten mit Klassen-, Fach- und Sonderräumen sowie Fluren insgesamt 25 Räume erstellt werden, gegenüber 11 bisher. So wäre, so die Kalkulation, für Jahrzehnte ausgesorgt.

Vorsorglich wird der Preußischen Regierung in Schleswig zur Kenntnis gegeben, es sei der „leistungsschwachen Gemeinde Borby aus eigener Kraft nicht möglich, auch dieses – im Gegensatz zum Seminarprojekt wesentlich kleinere aber doch wirksame Projekt – allein zu finanzieren". Deshalb spreche die Gemeinde die Bitte aus, ihr bei der Durchführung durch Gewährung des staatlichen Baudrittels, fühlbarer Ergänzungszuschüsse, Gewährung von zwei Arbeitgeberdarlehen zu mäßigem Zinsfuß zu helfen. Schleswig

63 Stadtarchiv Eckernförde (in der Folge STAE) Borby VII h.

64 Festschrift der Richard-Vosgerau-Schule Eckernförde, Namenstag 50 Jahre, 1948 – 1998, S. 11 f.

65 STAE Borby VII h.

genehmigt den Umbau am 27. August 1930, nicht ohne eine erhebliche Anzahl von Streichungen vorzunehmen. So soll u. a. die Musikklasse keine Südfenster erhalten, sie führten zur Blendung der Kinder durch die Sonne, der Extraeingang für Lehrer sei entbehrlich. Damit wird der Kostenvoranschlag der Gemeinde von 55000 auf 40000 RM gesenkt.

Vosgerau sieht es aber als dringend geboten, wenigstens die Vergrößerung des Spielplatzes durchzuführen und setzt dafür 5400 RM an. Es kommt zu weiteren Veränderungen des Bauumfangs, so dass Regierungsbaumeister Kaminski die Kosten schließlich auf 60000 RM hochrechnen muss. Nach Einsparungen beim Spielplatz bleiben 57000 RM.

Damit ist die Gemeinde hoffnungslos überfordert. Vosgerau wendet sich am 3. Dezember 1930 um Hilfe an Jürgensen und erhält mit Datum vom 14. Januar 1931 die Information[66], der zuständige Ministerialrat, Dr. Frank, habe eine Prüfung in Aussicht gestellt und am 17. März 1931 die Zusage, die Finanzierung werde mit einer größeren Summe unterstützt. Aber der Betrag reichte nicht aus, und so musste Vosgerau mit Schreiben vom 1. April 1931 das Preußischen Kultusministerium in Berlin um einen weiteren Zuschuss von 13300 RM bitten „für die sich in schwerer wirtschaftlicher Notlage befindliche Arbeiterwohnsitzgemeinde Borby zum Schulumbau"[67]. Das Schreiben übergibt er anlässlich eines Besuches in Berlin und hat die Gelegenheit, den Ministerialräten Dr. Frank und Hahne in Anwesenheit von Jürgen Jürgensen direkt Vortrag zu halten. Er erhält eine Zusage, die bereits für den Kauf von Ausrüstungsgegenständen und die Schaffung eines Spielplatzes eingeplante Summe von 10000 RM für Bauzwecke verwenden zu dürfen.

Erneut hat sich die Freundschaft zwischen Richard Vosgerau und Jürgen Jürgensen bewährt; die Zeiten jahrelanger gemeinsamer Arbeit in Borby haben einen weiteren Schritt zur Finanzierung des

66 STAE, Borby VII h.

67 Ebd.

Schulbaus bewirkt. – Familiären Kontakt hatten sie ohnehin des Öfteren. Richard Vosgerau jun. berichtet darüber und nicht ganz ohne Befremden über Jürgensens kürzlich getroffene Aussage im politischen Bereich, die Republik sei weder von rechts noch von links in ihrem Bestand ernstlich gefährdet.[68]

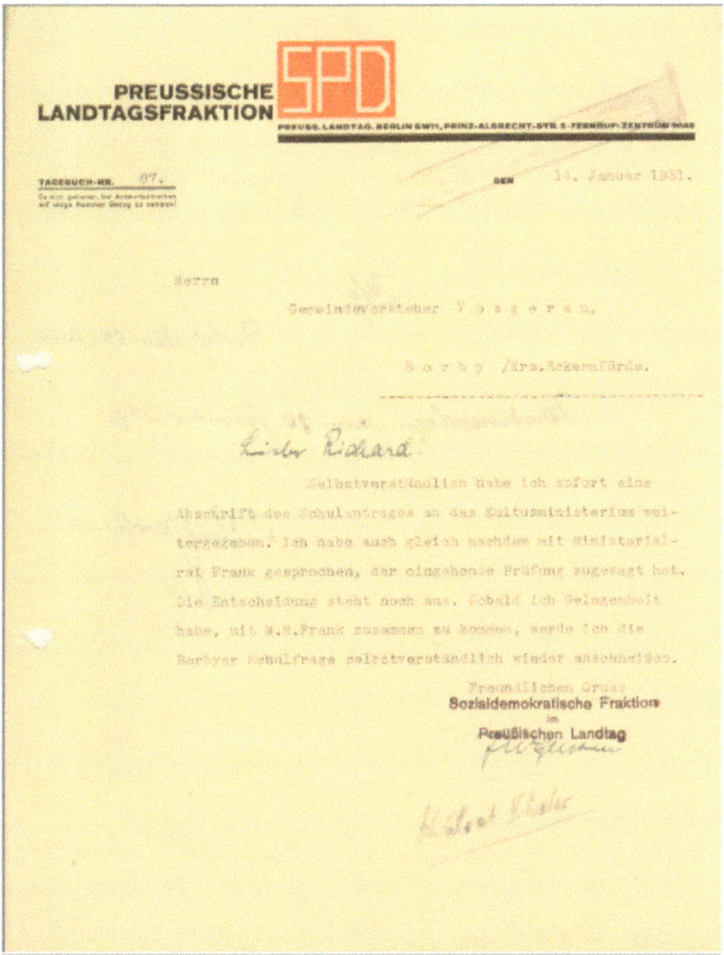

PREUSSISCHE LANDTAGSFRAKTION SPD

PREUSS. LANDTAG, BERLIN SW11, PRINZ-ALBRECHT-STR. 5 · FERNRUF: ZENTRUM 9048

TAGEBUCH-NR. 87.

DEN 14. Januar 1931.

Herrn

Gemeindevorsteher V o s g e r a u,

B o r b y /Krs. Eckernförde.

Lieber Richard

Selbstverständlich habe ich sofort eine Abschrift des Schulantrages an das Kultusministerium weitergegeben. Ich habe auch gleich nachdem mit Ministerialrat Frank gesprochen, der eingehende Prüfung zugesagt hat. Die Entscheidung steht noch aus. Sobald ich Gelegenheit habe, mit M.R. Frank zusammen zu kommen, werde ich die Borbyer Schulfrage selbstverständlich wieder anschneiden.

Freundlichen Gruss

Sozialdemokratische Fraktion im Preußischen Landtag

68 Richard Vosgerau jun., 1979, S. 28. Vosgerau jun. merkt an, Jürgensen habe in seinen frühen Jahren den Spitznamen „Grap" über sich ergehen lassen müssen: „Wat hett de Jung för Grappen in'n Kopp!" Wenn jemand „Grappen" im Kopf hat, dann hängt er Illusionen nach, Utopien, weiß Außergewöhnliches, aber auch Amüsantes zu erzählen.

Aber sie müssen weiterhin in Kontakt bleiben; denn wie groß die Not schließlich doch ist, zeigt sich in dem Schreiben vom 2. September 1931 an Jürgensen[69]:

Lieber Jürgen!

Du musst mir helfen und zwar sofort noch in dieser Woche. Es handelt sich um Folgendes:

Wie Dir bekannt ist, habe ich mit dem Bau unserer Schule am 1. Juli 1931 begonnen. Ich bekomme nach den Zusagen der zuständigen Regierungsstellen rund 43000 RM Beihilfen. Die Baukosten betragen rund 57000 RM, so dass die Gemeinde Borby selber 14000 RM aufzubringen hat. Ich habe bis jetzt für ca. 35000 RM Arbeiten an dem Bau fertiggestellt und von der Regierung Abschlagszahlungen in Höhe von 4000 RM bekommen. Ferner sind in Form eines laufenden Ergänzungszuschusses rund 4500 RM mit Schulverbandsbeiträgen verrechnet. Uns würden nach den gesetzlichen Bestimmungen über die Bezuschussung von Schulbauten etwa 18000 RM zustehen. Ich rufe jeden Tag in Schleswig an und fahre zweimal dorthin, um zu versuchen, Geld zu bekommen. Mir wird immer wieder erklärt: Wir haben kein Geld. Das kann man selbstverständlich nur eine Zeitlang tun, dann ist auch die Geduld der am Bau beschäftigten Unternehmer beendet. Ich habe meinen Zwischenkredit bei der Bank bis auf das Äußerste angespannt und bekomme keinen Pfennig mehr.

Ist es Dir nicht möglich, sofort bei den zuständigen Stellen im Ministerium darauf hinzuwirken, dass uns sofort ein größerer Geldbetrag überwiesen wird.

Wenn ich nicht in den nächsten Tagen Mittel bekomme, muss ich leider den Bau stilllegen, was bedeutet, dass wir unsere Kinder in einer Wirtschaft unterbringen müssen, um den Unterricht fortsetzen zu können. Ich wäre Dir sehr dankbar, wenn Du irgend was für uns tun könntest.

Mit freundlichem Gruß

Unterschrift

---

69 STAE, Borby VII h.

Trotz der großen finanziellen Schwierigkeiten findet am 31. Oktober 1931 die Einweihung der neuen Schule statt. Richard Vosgerau äußert nicht ohne Stolz:

„Seit einigen Jahren ist in Borby durch das Anwachsen der Schülerzahlen erheblicher Schulraummangel eingetreten. Die Gemeinde ist eifrig bestrebt gewesen, die Schulraumfrage schnell und zweckmäßig zu lösen. Das Seminarprojekt, d. h. Ankauf und Umbau des früheren Lehrerseminars in Borby zu Volksschulzwecken, erwies sich als untragbar. Die Gemeindevertretung hat sich daher entschlossen, das alte Schulgebäude aufzustocken.

An Räumen sind durch die Aufstockung entstanden: 3 Schulklassen, 1 Physikklasse mit Vorbereitungsraum, 1 Zeichen-, Musik- und Versammlungsraum, 1 Lehrerzimmer, 1 Rektorzimmer, 2 kleinere Lehrmittelräume, 1 Brausebad, 1 Ankleideraum, 1 Heizungsraum für das Brausebad.

Der Schulraummangel ist dadurch bis auf lange Sicht beseitigt. Die Arbeiten und Materiallieferungen sind von Unternehmern aus Borby, Eckernförde und Kiel ausgeführt.

Den Entwurf des Projektes stellte ehrenamtlich[70] das Baukommissionsmitglied, Herr Regierungsbaumeister Kaminski, her, der auch die Oberleitung des Baus führte. Die Bauleitung selbst hatte der Bauführer W. Stender aus Kiel inne.

Das Gebäude ist äußerst zweckmäßig eingerichtet und übertrifft in großem Maße die Erwartungen. Die Baukosten belaufen sich auf rund 56000 RM, Voranschlag 57000 RM; eine Überschreitung, wie das sonst meistens bei Umbauten der Fall ist, kommt also nicht in Frage.“[71]

70 Vosgerau wollte sich dafür mit einem Weihnachtsgeschenk erkenntlich zeigen, fand aber keine Mehrheit im Gemeinderat (STAE Borby VII h).

71 Ebd.

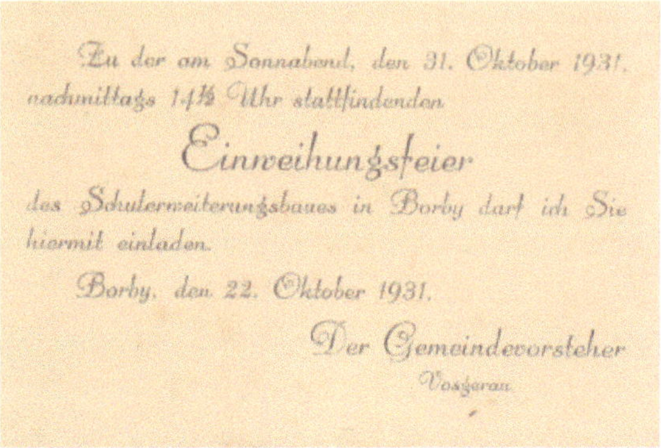

Zu der am Sonnabend, den 31. Oktober 1931, nachmittags 14½ Uhr stattfindenden

Einweihungsfeier

des Schulerweiterungsbaues in Borby darf ich Sie hiermit einladen.

Borby, den 22. Oktober 1931.

Der Gemeindevorsteher
Vosgerau

Auch heute noch prägt der Bau von 1931[72] unverkennbar die Borbyer Richard-Vosgerau-Schule.[73]

72 Ebd. Der Schleswiger Regierungsbaumeister Kaminski hat, sicher aus Gründen der Ersparnis und der Zeit entsprechend, ein Gebäude im Bauhausstil entworfen. Die Eckernförder Zeitung kommentierte am 2. 11. 1931, es sei „kein echtes Kind unserer Heimat".

73 Namensgebung 1945, Richard Vosgerau war am 3. Mai 1945 bei der Cap-Arcona-Katastrophe gestorben.

Berlin

Einleitung.

Lange habe ich mir die Frage vorgelegt, ob ich aus der letzten Zeit meiner parlamentarischen Tätigkeit, wie auch aus der damit in Verbindung stehenden Schutzhaftzeit Aufzeichnungen machen solle oder nicht. Waren diese Dinge so wichtig, dass sie verdienten, festgehalten zu werden für die Gegenwart, um für die Zukunft Schlüsse daraus zu ziehen oder war der Nationalsozialismus eine Episode, die so wie sie kam, wieder versinken würde? Soviel kann heute schon mit 99%iger Sicherheit konstatiert werden, die nationalsozialistische Herrschaft in Deutschland währt so lange, wie dieser Krieg dauert. Es muss daher als grundfalsch erscheinen, wollte man zu den erwähnten Vorgängen schweigen, der Hakenkreuzbewegung damit die Gloriole umhängen und was noch wichtiger wäre, die Verantwortlichkeit im Bürgertum verschleiern. Aus diesen Gründen entschloss ich mich grundsätzlich, einige kurze Aufzeichnungen zu machen. Auf der Suche nach der Form musste ich von der allgemeinen Schilderung abkommen. Der Leser, der den Schreibenden persönlich nicht kennt, von seinem Charakter, seinem Wesen und seiner Geisteshaltung daher nichts wissen kann, könnte nur zu leicht dem Gedanken verfallen, es mit einer vielleicht stark übertriebenen Propagandaschrift zu tun zu haben. Dadurch würde die Arbeit verlieren und an Wert einbüssen. Das musste unter allen Umständen vermieden werden. Es blieb also für mich der einzige gangbare Weg, mich auf die Wiedergabe eigener Erlebnisse und Erfahrungen zu beschränken. Auch bei der Schilderung von unverzeihlichen Übergriffen gegen andere Schutzhäftlinge ist nicht ein einzelner Fall behandelt, den ich nicht selbst mit erlebt, also selbst mit beobachtet oder die Vorgänge mit eigenen Ohren gehört hätte oder Augenzeugen hätte reden lassen. Der Gedanke, die Schilderung des eigenen Schicksals in der Schutzhaft in Angriff zu nehmen, hat mich zunächst entsetzt. Ich sollte vor der Öffentlichkeit zugeben, alle Scheusslichkeiten und Misshandlungen still hingenommen zu haben? Ich sollte mich jetzt auch noch vor der Öffentlichkeit demütigen, nachdem ich tausenderlei Kränkungen und Demütigungen aller Art von seiten der Gestapo und der SS-Mannschaft im Lager hinnehmen musste? Auf den ersten Blick konnte man es ablehnen, wenn man die Dinge so sah, über diese Vorgänge

Vorgänge zu reden oder auch zu schreiben. Die persönlichen Verunglimpfungen und körperlichen Misshandlungen sind so niederdrückend, wie das Sterben und das Ende der grossen Partei und Bewegung, der man als stolzer und aufrechter Mann aus der Arbeiterschaft seine ganze Kraft und sein Leben geweiht hatte. Bei tieferem Nachdenken musste man jedoch dazu kommen, wie immer in ähnlichen Lagen, die Sache über die Person zu stellen, sich unterzuordnen. Man schüttelt alles ab und geht ans Werk.

Bei dem Leser bitte ich um Verständnis für diese schwierige Lage. Ich habe mich bemüht, wahrheitsgetreu, ohne jedes Beiwerk, zu berichten, nur das erwähnend, was zum einfachen Verständnis notwendig erschien. Wer trotzdem glauben sollte, mit dem Finger auf mich, als auf einen feigen oder ehrlosen Menschen zeigen zu müssen, der möge es tun. Ich bin überzeugt, meinen Schicksalsgefährten aus der Schutzhaft werde ich in Vielem aus dem Herzen gesprochen haben und viele meiner früheren politischen Freunde werden mir in meiner politischen Schlussfolgerung zustimmen. Ich habe meine Niederschrift angefangen und vollendet, mit dem Gedanken an das alte plattdeutsche Sprichwort:

"Do wat Du wullt, de Lüüt snakt doch".

Hamburg, den 30. November 1944.

[74]

SPD/KPD Eine der großen Tragiken im ersten Drittel des 20. Jh. war die fehlende Harmonie zwischen den beiden sozialistischen Parteien Deutschlands, der SPD und der KPD. Welchen genauen Einfluss sie auf den Verlauf der Geschichte gehabt hätten, ist schwer zu erwägen. Aber man kann sicher davon ausgehen, das große Unheil mit dem unsäglichen Leid, welches der NSDAP zuzuschreiben ist, wäre vermieden worden.

---

74 Jürgen Jürgensen: Der Sturz der Demokratie und die Schutzhaft in Deutschland, unveröffentlichtes Manuskript, Hamburg 1944, Familienbesitz, zur Verfügung gestellt durch Frau Ulla Jürgensen.

Der Großangriff auf die Linke war keine wirkliche Überraschung. Bereits in den Weimarer Jahren war Gewalt ein Eckpfeiler der nationalsozialistischen Ideologie und Strategie. Hitler und andere NS-Führer schwadronierten von der Notwendigkeit, Deutschland von allem zu „säubern", was fremd, krank und gefährlich war, damit eine harmonische „Volksgemeinschaft" geschaffen werden könne. Damit zielten sie auf soziale Außenseiter und sogenannte Fremdrassige (vor allem Juden). Und was die politischen Gegner betraf, schon lange war klar, dass der Hauptfeind links stand. So spielte sich Hitler beispielsweise nach dem gescheiterten November-Putsch von 1932 noch im Gerichtssaal als der Zerstörer des Marxismus auf. Solche kriegerischen Töne waren typisch. In einer nichtöffentlichen Rede im Februar 1926, zu einer Zeit, als die junge NS-Bewegung noch am äußersten Rand der deutschen Politik stand, versprach er, die Linke auszumerzen: „Wir haben nicht eher Ruhe, bis die letzte Zeitung vernichtet, die letzte Organisation erledigt ist, die letzte Bildungsstätte beseitigt und der letzte Marxist bekehrt oder ausgerottet ist."[75]

Es gab Überlegungen zur Gemeinsamkeit der SPD mit der KPD, aber beide hätten Grundsätze aufgeben müssen, und dazu waren sie nicht bereit. Einheitsfront-Angebote der SPD waren vermutlich nicht ernst gemeint. In dem Falle hätte die SPD auf einem politischen Burgfrieden bestanden, und auf Grund einer solchen Vereinbarung wäre es der KPD unmöglich geworden, die sozialdemokratische Duldung des kapitalistischen Systems zu kritisieren, womit sie ihre eigene Politik untergraben hätte. Die Sozialdemokratie bediente sich derselben Taktik – mit umgekehrten Vorzeichen – wie die Kommunisten: Sie verstand unter Einheitsfront einen Zusammenschluss der Arbeiterschaft unter sozialdemokratischer Führung. Anders als die Kommunisten unternahm die SPD jedoch wenig, um eine solche Vereinheitlichung herbeizuführen, sondern verließ sich auf die natürliche Entwicklung der Dinge. Ebenso be-

75 Nikolaus Wachsmann: Die Linke im Visier, Zur Errichtung der Konzentrationslager 1933, Göttingen 2011, S. 8.

griff sie Kommunismus als eine Abart von Faschismus und wenn die SPD-Führer von den Kommunisten als Verräter an der Arbeiterklasse[76] abgetan wurden, so galten die KPD-Führer den Sozialdemokraten als käuflich und überzeugungslos.[77]

Erst zwei Jahre nach dem Regimewechsel in Deutschland erklärte Georgi Dimitroff, Generalsekretär der Dritten Internationale, auf dem siebten Weltkongress der Kommunisten die „Herstellung der Aktionseinheit aller Teile der Arbeiterklasse, unabhängig von ihrer Zugehörigkeit zu der einen oder anderen Partei oder Organisation", für notwendig und zwar „bevor noch die Mehrheit der Arbeiterklasse sich zum Kampf für den Sturz des Kapitalismus und für den Sieg der proletarischen Revolution vereinigt haben wird".[78] – Zu spät, aber im Gegensatz zur SPD zeigte die KPD im Untergrund bemerkenswerte Aktionen.

Im April 1932 äußert Jürgensen in der offiziellen Linie der SPD seine Ansicht über die KPD und ihre „heuchlerische Demagogie" zum Thema „Einheitsfront". Er unterstellt Gemeinsamkeiten mit der NSDAP, die in der Form nicht stattgefunden haben, waren doch beide erbitterte Feinde!

---

76 In Borby/Eckernförde bediente man sich zur selben Zeit ganz ähnlicher Termini: Die KPD hatte der SPD „die schändlichste Rolle" unterstellt, mit „Pfaffen und Nazis" bei der Winterhilfskampagne „durch Dick und Dünn" zu gehen und ihre Anhänger vom „wirklichen Klassenkampf" abzuhalten. Noch wirkte die Sozialfaschismustheorie, nach der die Sozialdemokratie der „Linke Flügel des Faschismus" war. Die SPD, in gleicher Münze heimzahlend, bezeichnete das kommunistische Gemeinderatsmitglied Otto Faehse als „scheinradikalen Spießer", der „Zeter und Mordio" schreie und den revolutionären Klassenkämpfer markiere (STAE, Borby X n). – Nach 1933 hatte man gute Kontakte zueinander, nicht zuletzt entstanden während gemeinsamer Haft in der Schleswiger Moltke-Kaserne. Sie erschöpften sich jedoch in endlosen Diskussionen. Manchmal fiel in KPD-Kreisen der Satz: „Was sagt Richard dazu?" Gemeint war Richard Vosgerau, ehemaliger Gemeindevorsteher von Borby, durch das NS-Regime aus seinem Amt vertrieben. Über gemeinsame Aktionen ist nichts bekannt (Vgl. Ulrich Green, Zum Widerstand der Eckernförder KPD gegen das NS-Regime, Eckernförde 2017, S. 13).

77 Andreas Dorpalen: SPD und KPD in der Endphase der Weimarer Republik, in: Vierteljahresschrift für Zeitgeschichte, 1983, Heft 1, S. 82

78 Heinrich August Winkler: Werte und Mächte, Eine Geschichte der westlichen Welt, München 2019, S. 322.

Was wollen die Kommunisten?

Von Jürgen Jürgensen.

SPD. In heuchlerischer Demagogie wenden sich die Kommunisten in Flugblättern und Plakaten an die Arbeiterschaft mit der Empfehlung, in der sogenannten Einheitsfront mit den Kommunisten für 10 Forderungen der Arbeiterklasse zu kämpfen :

Es ist die Kommunistische Partei, die noch am 9.August 1931 Arm in Arm mit der Reaktion unter dem Zeichen Stahlhelm, Hakenkreuz und Sowjetstern sich am Volksentscheid für die Auflösung des Landtags beteiligte,

die Kommunistische Partei, die noch am 10.April 1932 im zweiten Wahlgang zur Reichspräsidentenwahl Hunderttausende von Wählerstimmen an die Hitler-Bewegung abgegeben hat,

die Kommunistische Partei, deren Mitglieder und Funktionäre in grosser Anzahl zu den Hakenkreuzlern hinüberwechseln und dort mit offenen Armen Aufnahme finden,

die Kommunistische Partei, die um die Stimmen der Arbeiter buhlt, um sie dann später mit fliegenden Fahnen den ärgsten Feinden der Arbeiterbewegung, den Nationalsozialisten zuzuführen.

Die als Wahlparolen der KPD aufgestellten 10 Forderungen sind Sand in die Augen der Wählerschaft. Es handelt sich um Forderungen, die nur durch die Reichspolitik erfüllt werden können. Die Kommunisten haben sich im Reichstag und im Landtag zum grössten Teil selbst gegen diese ihre eigenen Forderungen ausgesprochen oder dagegen gestimmt.

Zu 1): Die 40-Stundenwoche ist eine alte gewerkschaftliche Forderung, ebenso, wie die Sozialdemokratie und die Gewerkschaften seit langem den Ruf erheben: Schluss mit dem Lohnabbau.

Zu 2): Die Arbeitslosenversicherung wurde im Reichstag von den Kommunisten abgelehnt. Die Kommunisten wollten die Arbeitslosen und ihre Familien schutzlos und ohne Unterstützung dem Elend preisgeben. Die Sozialdemokratie setzte sich für die Unterstützung durch die Arbeitslosenversicherung ein. Die Sozialdemokratie erreichte auch in Verhandlungen mit der Reichsregierung wesentliche Verbesserungen der Unterstützungsbestimmungen in den Notverordnungen.

Zu 3, 7 und 8): Die Kommunisten haben alle Mittel, die zur Durchführung von Arbeitsbeschaffung, zur Lösung kultureller und sozialer Aufgaben notwendig waren, abgelehnt. Diese Forderungen sind also nicht ernst gemeint, sie stehen nur auf dem Papier.

Zu 4): Die Sozialdemokratie ist stets für eine Regulierung und Herabsetzung der Preise für Lebensmittel und Bedarfsartikel eingetreten und hat dabei auch ansehnliche Erfolge zu verzeichnen. Der Erfolg würde noch besser sein, wenn die sozialdemokratische Forderung des direkten genossenschaftlichen Verkehrs zwischen Erzeugern und Verbrauchern durchgeführt wäre. Die Kommunisten haben nichts getan, diesen Gedanken verwirklichen zu helfen. Die Sozialdemokratie hat den Einfluss der staatlichen Elektrizitäts-A.G. und der staatlichen Verkehrseinrichtungen stets zu stärken versucht, um auf diesem Wege auf die Gestaltung der Tarife einzuwirken.

Zu 5 und 6): Zur Aufbringung der Mittel für die Wohlfahrtspflege und Unterstützungszahlung in den Gemeinden mussten Steuern eingeführt werden, die bis dahin stets abgelehnt waren. Um die Unterstützungsempfänger und ihre Familien vor der grössten Not zu schützen, hat die Sozialdemokratie diesen Steuern zugestimmt. Die Kommunisten lehnten diese Steuern ab und stellten damit die Unterstützungsempfänger, ebenso wie vorher in der Arbeitslosenversicherung vor das Nichts. Die Unterstützungsempfänger vor der grössten Not bewahrt zu haben, ist das Verdienst der Sozialdemokratie.

Die Kürzung der hohen Pensionen und der grossen Gehälter der Direktoren u.s.w. ist eine alte sozialdemokratische Forderung. Die Sozialdemokratie blieb aber in dieser Frage stets in der Minderheit. Teilweise haben sogar die Kommunisten gegen die sozialdemokratischen Anträge gestimmt.

Zu 9): Die Auflösung der SA und verbunden damit die Schliessung der Nazikasernen hat endlich eine von der Sozialdemokratie längst ausgesprochene politische Forderung verwirklicht.

Zu 10): Die Befreiung der Rheinlande ist ein Erfolg der Reparationspolitik. Ueber die zukünftige Gestaltung der Reparationsfrage wird nicht im Preussischen Landtag, auch nicht durch die Preussische Staatsregierung entschieden werden. Die Entscheidung wird nur durch eine konsequente Reichsaussenpolitik in Verbindung mit einer Stärkung des Völkerbundes günstig beeinflusst werden können.

Die kommunistische Forderung zur Verhinderung von Kriegslieferungen und Munitionstransporten ist eitel Heuchelei. Die Kommunisten dulden und fördern nicht nur in Sowjetrussland die Aufrüstung, sondern in Verbindung damit auch grosse Waffen-, Munitions- und Kriegsmaterialverschiebungen, wenn sie nach Ansicht der russischen Machthaber dem Interesse der russischen Politik zweckmässig erscheint.

Sozialdemokratischer Pressedienst

Herausgeber und Chefredakteur: Erich Alfringhaus, Berlin. Fernsprecher: Amt Dönhoff 4196/4198

Anschrift für Verlag und Schriftleitung: Berlin SW 61, Belle-Alliance-Platz 8 Drahtanschrift: Sopadienst

Die Herstellung erfolgt im Selbstverlag.

Berlin, den 18. April 1932.[79]

Etwas weniger als ein Jahr später hatte ihn in seiner Berichterstattung die Realität eingeholt:

Nach der Wahl verbot man den Kommunisten das Betreten der Parlamentsgebäude, des Reichstages und des Preussischen Landtages, der ebenfalls am 5. März neugewählt worden war. Den neugewählten kommunistischen Abgeordneten wurde die Ausübung ihrer Mandate untersagt und das aus der früheren parlamentarischen Tätigkeit vorliegende Material wurde ihnen aus den Fraktionszimmern in den Parlamentsgebäuden gewaltsam durch die Polizei fortgenommen. Damit war den Kommunisten jeder Wind aus den Segeln genommen und es war ihnen jede Art der parlamentarischen Betätigung unmöglich gemacht, da das Betätigungsverbot zugleich auf die Parteivertretungen in den Gemeindevertretungen, der Gemeindeverbände und der Provinzen ausgedehnt wurde.

Gegen diese Vergewaltigung auf parlamentarischem Wege etwas zu unternehmen, waren die Kommunisten nicht in der Lage, es hätte auch keinen Sinn und Zweck gehabt.

Er gestand der KPD aber zu, über lange Zeit in der Illegalität – sicher unter großen Opfern – aktiv gewesen zu sein.[80]

79 LAS, Abt. 318.

80 Jürgensen, 1944, S. 2.

Im Juni 1932 veröffentlichte der Internationale Sozialistische Kampfbund in seiner Zeitung „Der Funke“ und durch Plakatieren auf Litfaßsäulen einen Appell (in nachfolgender Anordnung, in Verbindung mit einem schwarzen Plakat):

Die Vernichtung
aller persönlichen und politischen Freiheit

in Deutschland steht unmittelbar bevor, wenn es nicht
in letzter Minute gelingt, unbeschadet von
Prinzipiengegensätzen alle Kräfte zusammenzu-
fassen, die in der Ablehnung des Faschismus einig
sind. Die nächste Gelegenheit dazu ist der 31. Juli.
Es gilt, diese Gelegenheit zu nutzen und endlich einen
Schritt zu tun zum

Aufbau einer einheitlichen Arbeiterfront,

die nicht nur für die parlamentarische, sondern auch
für die weitere Abwehr notwendig sein wird.
Wir richten an jeden, der diese Überzeugung mit uns
teilt, den dringenden Appell, zu helfen, daß

ein Zusammengehen der SPD
und KPD für diesen Wahlkampf

zustande kommt, am besten in der Form gemeinsamer
Kandidatenlisten, mindestens jedoch in der Form von
Listenverbindungen.
Insbesondere in den großen Arbeiterorganisationen,
nicht nur in den Parteien, kommt es darauf an,
hierzu allen erdenklichen Einfluß aufzubieten.
Sorgen wir dafür, daß nicht Trägheit der Natur
und Feigheit des Herzens uns in die Barbarei
versinken lassen!

Er war unterzeichnet von:

Willi Eichler, Albert Einstein, Karl Emonts, Anton Erkelenz, Hellmuth Falkenfeld, Kurt Großmann, Emil Jannings, J. Gumbel, Walter Hammer, Theodor Hartwig, Vitus Heller, Kurt Hiller, Maria Hodann, Hans-Erich Kaminski, Erich Kästner, Karl Kollwitz, Käthe Kollwitz, Arthur Kronfeld, E. Lauti, Otto Lehmann-Rußbüldt, Heinrich Mann, Pietro Nenni, Paul Oestreich, Franz Oppenheimer, Theodor Plivier, Freiherr von Schoenaich, August Siemsen, Minna Specht, Helene Stöcker, Ernst Toller, Graf Emil von Wedel, Erich Zeigner, Arnold Zweig.

Politisch blieb der Appell folgenlos, erhielt im Jahr darauf jedoch nach Machtantritt Hitlers kulturpolitische Auswirkungen, durch die er eine breitere Bekanntheit erlangte. U. a. durch Albert Einstein, dem Mitbegründer des ISK 1917, erhielt der Appell sein Gewicht.

Preußischer Landtag

Der Freistaat Preußen

Landtagswahl

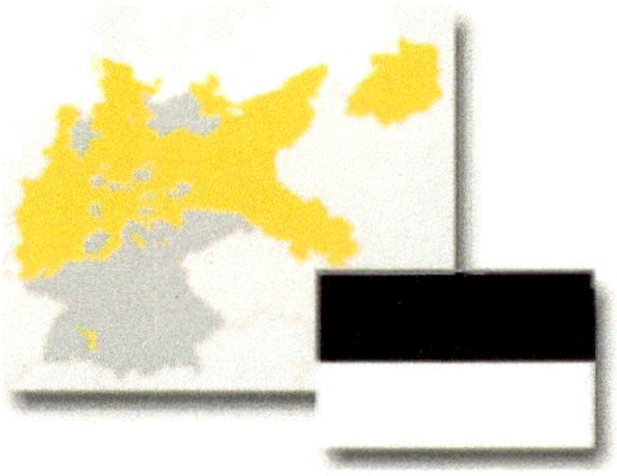

24. April 1932,
Wahl zum 4. Landtag

	Stimmen		Sitze	
	überhaupt	v.H.	überh.	v.H.
Wahlberechtigte	27.031.562	*70,81*		
WählerInnen	22.192.987			
Wahlbeteiligung		*82,10*		
ungültige Stimmen	127.560	*0,57*		
gültige Stimmen	22.065.427	*99,43*	**423**	
davon:				
Nationalsozialistische Deutsche Arbeiterpartei (Hitlerbewegung)	8.091.072	*36,67*	**162**	*38,30*
Nationalsozialistische Deutsche Arbeiterpartei (Hitlerbewegung)	8.007.384	*36,29*	**162**	*38,30*

Landwirte, Haus- und Grundbesitzer	67.533	*0,31*	-	-
Nationalistische Deutsche Arbeiterpartei	11.605	0,05	-	-
Großdeutsche Liste Schmalix	4.550	0,02	-	-
Sozialdemokratische Partei Deutschlands	4.675.173	*21,19*	**94**	*22,22*
Preußische Zentrumspartei	3.371.932	*15,28*	**67**	*15,84*
Kommunistische Partei Deutschlands	2.845.306	*12,89*	57	*13,48*
Kommunistische Partei Deutschlands	2.819.763	*12,78*	**57**	*13,48*
Interessengemeinschaft der Kleinrentner und Inflationsgeschädigten	25.543	*0,12*	-	-
Deutschnationale Volkspartei	1.540.716	*6,98*	31	*7,33*
Deutschnationale Volkspartei	1.524.230	*6,91*	**31**	*7,33*
Radikaler Mittelstand	9.883	*0,04*	-	-
Nationale Sammlung Karl Andres	6.603	*0,03*	-	-
Deutsche Volkspartei	374.509	*1,70*	7	*1,65*
Deutsche Volkspartei	330.745	*1,50*	7	*1,65*
Volksrecht-Partei	43.764	*0,20*	-	-
Nationale Front deutscher Stände	362.272	*1,64*	-	-
Reichspartei des deutschen Mittelstandes (Wirtschaftspartei e.V.)	191.021	*0,87*	-	-
Deutsches Landvolk (Christlichnationale Bauern- und Landvolkpartei)	153.542	*0,70*	-	-
Nationale Front Deutscher Stände, Junge Rechte	13.861	*0,06*	-	-
Nationale Beamte, Angestellte und freie Berufe	3.848	*0,02*	-	-
Deutsche Staatspartei	332.490	*1,51*	**2**	*0,47*
Christlichsozialer Volksdienst (Evangelische Bewegung)	255.177	*1,16*	**2**	*0,47*
Sozialistische Arbeiterpartei Deutschlands	80.392	*0,36*	-	-
Deutsch-Hannoversche Partei	63.731	*0,29*	**1**	*0,24*
Nationale Minderheiten in Deutschland	59.943	*0,27*		
Polnische Volkspartei	57.285	*0,26*	-	-
Schleswigsche und Friesische Heimat	2.298	*0,01*	-	-
Preußisch-Litauische Volkspartei	360	-	-	-

Nationale Opposition der vereinigten Reichsbankgläubiger und Markgeschädigten	6.896	0,03	-	-
Nationale Opposition der vereinigten Reichsbankgläubiger und Markgeschädigten	5.197	0,02	-	-
Volksrechts- und Wirtschaftspartei des enteigneten Mittelstandes	1.151	0,01	-	-
Deutsche Kampfpartei gegen Inflation und falsche Geldpolitik	312	-	-	-
Aktivistische Notgemeinschaft der Hypothekengläubiger usw.	236	-	-	-
Partei der Erwerbslosen für Arbeit und Brot	3.463	0,02	-	-
Deutsche Einheitspartei für wahre Volkswirtschaft, Idealistische Bewegung Deutschlands	1.341	0,01	-	-
Deutsche Volksgemeinschaft (Völkischrevolutionäre Wirtschaftsbewegung)	1.014	-	-	-

Quelle: StatJBDR 1932, S. 544f.

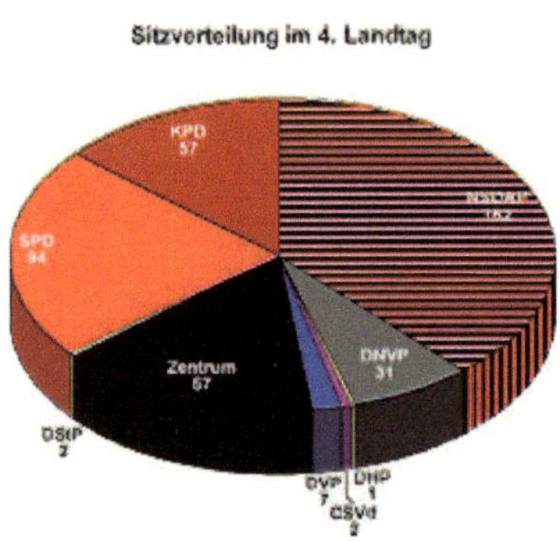

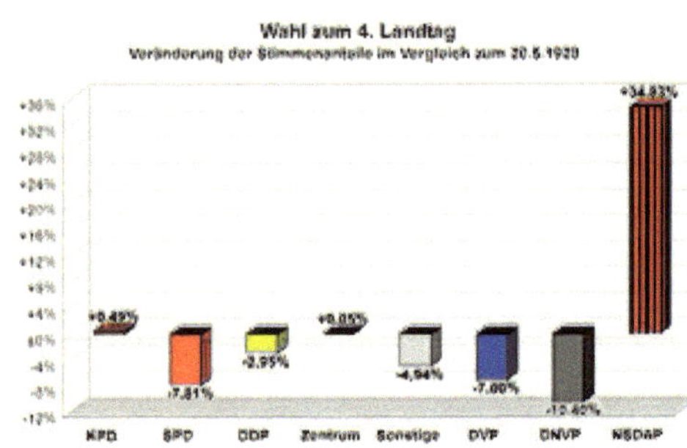

Das Präsidium des 4. Landtages

Präsident:	Hanns Kerrl (NSDAP)
1. Vizepräsident:	Dr. Wolfgang von Kries (DNVP)
2. Vizepräsident:	Josef Baumhoff (Zentrum)
3. Vizepräsident:	Heinrich Haake (NSDAP)

Quelle: Möller 1985, S. 602

Die Fraktionsführer und Stellvertreter im 4. Landtag

NSDAP (Führer der Fraktion)	Wilhelm Kube Stellvertreter: 1. Heinrich Lohse (Altona), 2. Heinrich Haake
SPD (Vorsitzende)	Ernst Heilmann (Frankfurt/O.), Robert Leinert, Wilhelm Winzer
Zentrum (Vorsitzende)	Christian Steger, Constantin Zawadzki
KPD (Vorsitzender)	Wilhelm Pieck; Stellvertreter: Wilhelm Kasper
DNVP (Vorsitzender)	Dr. Friedrich von Winterfeld Stellvertreter: Friedrich Oelze, D. Karl Koch (Dehnhausen), Eldor Borck

Stand: 10. Juni 1932 Quelle: Möller, 1985, S. 604.

Die konstituierende Sitzung des Landtages findet am 24.5.1932 statt.

1932/1933 Schon äußerlich waren die neuen Machtverhältnisse erkennbar. Die NSDAP stellte den Alterspräsidenten. Die NSDAP-Fraktion überschüttete darüber hinaus die Abgeordneten mit einer Fülle von Anträgen. Die Regierung trat formal zurück, allerdings nur um zu erklären, dass sie bis zur Neuwahl eines Ministerpräsidenten weiter zu amtieren gedenke. Die stärkste Fraktion stellte auch den Präsidenten des Landtags, ein Amt, das zwar seit 1920 von mehreren Personen bekleidet worden war, die aber alle Sozialdemoraten gewesen waren. Diese Zeit war vorbei.

Am 25. Mai 1932 wurde der Kandidat der NSDAP, Hanns Kerrl, mit 262 von 409 Stimmen gewählt. Der bisherige Präsident, der Sozialdemokrat Ernst Wittmaack, erhielt immerhin das Amt des ersten Vizepräsidenten. Auch die Wahl der übrigen Ämter erfolgte ohne Probleme. Die anschließende Geschäftsordnungsdebatte vermittelte einen ersten Eindruck davon, was in Zukunft zu erwarten war. Ausgerechnet der NSDAP-Abgeordnete und künftige Vorsitzende des Volksgerichtshofs, Roland Freisler, bezweifelte die Rechtsstaatlichkeit der bestehenden Rechtspflege. Die NSDAP wollte deshalb „Preußen zu einem Rechtsstaat" zurückführen. Ein Antrag der NSDAP, der das thematisierte, fiel allerdings durch. Daraufhin kam es „zu wüsten Lärm- und Raufszenen zwischen KPD- und NSDAP-Abgeordneten". Im Protokoll heißt es: „Mitglieder der NSDAP gingen von rechts, Mitglieder der Kommunistischen Partei von links auf die Rednertribüne. Zwischen den Mitgliedern der beiden Parteien entspinnt sich eine Schlägerei. Der Präsident verlässt den Präsidentenstuhl."[81]

Die ersten Wurfgeschosse, die die Nationalsozialisten gegen die kommunistischen Abgeordneten schleuderten, waren Stühle und gusseiserne Tintenfässer. Dann wurden die Lampen des Stenographentisches demoliert. Die übrigen Parteien hatten, angeekelt von dem Schauspiel, den Saal verlassen, und da es auch durch den Präsidenten der Fall gewesen, war die Sitzung aufgehoben. Die Prügelei ging aber minutenlang weiter und endete nicht früher, als bis die Kommunisten völlig aus dem Saal hinausgedrängt worden waren.

Jürgen Jürgensen, der sich in die ganze Schlägerei nicht eingemischt hatte, wurde gleich zu Beginn von einem Schreibpult so schwer getroffen, dass er eine klaffende Wunde am Kopf erhielt. Ihm wurde erste ärztliche Hilfe im Landtag zuteil. Später musste er in bedenklichem Zustand ins Krankenhaus gebracht werden. – Eine rote Spur zog sich nach dem Kampf auf dem Teppich vom Sitzungssaal über die Wandelhalle bis zum Verhandlungszimmer hin.[82]

---

81 Siegfried Heimann: Der Preußische Landtag 1899 – 1947, Eine politische Geschichte, Berlin 2011, S. 240 f.

82 Karl-Werne Schunck: Wie im Jahr 1932 die Demokratie in Deutschland verloren ging, in: Vergessen + Verdrängt, Eckernförde 1995, S. 117.

Der Zustand Jürgensens

Mehrere klaffende Wunden am Kopf – Glücklicherweise keine Lebensgefahr

Eigene Funkmeldung

Berlin, 26. Mai.

Der sozialdemokratische Abgeordnete des Preußischen Landtages Jürgensen, der am Mittwoch während der Saalschlacht im Preußenparlament schwer verletzt wurde und besinnungslos zusammenbrach, ist auf seinen Wunsch am späten Abend des gestrigen Tages in seine Wohnung gebracht worden. Jürgensen wurde von einem Schreibpult so schwer getroffen, daß er mehrere klaffende Wunden am Kopf erhielt. Immerhin ist sein Zustand erfreulicherweise unbedenklich.

Von den kommunistischen Abgeordneten, die sich, soweit sie im Landtag anwesend waren, sämtlich an der Schlägerei beteiligt haben, trugen die Abgeordneten Kramer-Miersdorf, Gohlke und Kuntz schwere Kopfverletzungen davon. Die Abgeordneten Schwenk und Flatung wurden leichter verletzt.

Die Nationalsozialisten behaupten, daß von ihrer Fraktion vier Mitglieder verletzt worden sind, die Abgeordneten Hinkler (am linken Ohr), Wehner (am Rückgrat), Dalunge (Messerstich) und Kunze (ohne nähere Angabe).

Schleswig-Holsteinische Volkszeitung vom 26. 5. 1932

Der Landtag wird am 6.2.1933 auf Beschluss des »Dreimännerkollegiums« (Reichskommissar von Papen anstelle des Ministerpräsidenten und Landtagspräsidenten Kerrl; Adenauer als Präsident des Staatsrates verweigert die Teilnahme) aufgelöst.

Am 18. Mai 1933 war der Tiefpunkt in der Geschichte des Preußischen Landtags erreicht. Der Landtag trat zum letzten Mal zusammen, um sich selbst zu entmachten. Die Abgeordneten sollten das „Gesetz zur Behebung der Not von Volk und Land" und damit für Preußen ein „Ermächtigungsgesetz" verabschieden, das die Gleichschaltung Preußens durch das von der Reichsregierung erlassene Gleichschaltungsgesetz ausdrücklich begrüßte. Das Preußische Staatsministerium sollte fortan ohne parlamentarische Zustimmung Gesetze beschließen können, die einschlägigen Paragraphen der preußischen Verfassung, die das untersagten, sollten „keine Anwendung" mehr finden. Der alte Dualismus zwischen Reich und Preußen werde damit endgültig beseitigt, verkündet Hermann Göring als preußischer Ministerpräsident in seiner „Regierungserklärung" und erntet dafür lebhaften Beifall der Mehrheit der Abgeordneten. Die „Befreiungstat des 20. Juli 1932" werde mit dem nun zu beschließenden Gesetz in „geordnete und verfassungsmäßige Formen" überführt. Wie Göring die Verfassung verstand, erläuterte er mit unmissverständlicher Offenheit. Er habe in den vergangenen Jahren vor allem von Adolf Hitler gelernt. „Sein Wille ist mein

Wille geworden", und er werde daher die preußische Staatsregierung „vor allem und in erster Linie als treuester Paladin meines Führers Adolf Hitler" übernehmen. Den Landtag wolle er künftig nur „in Anspruch nehmen, soweit das Staatswohl als oberstes Gesetz für jeden Bürger und für jede Korporation es erfordert". Das Recht zur Gesetzgebung oblag jedoch dem Staatsministerium und ihm als vom „Führer" bestallten „Hüter Preußens".

Nur der letzte SPD-Fraktionsvorsitzende, Szillat, widersprach in einer kurzen und eindrucksvollen Rede im Namen seiner Partei. Es war ein letztes mutiges Zeugnis eines preußischen Landtagsabgeordneten im Plenum des Landtages. Der von Szillat und seiner Fraktion eingebrachte Antrag auf „Entlassung der sozialdemokratischen Funktionäre und Abgeordneten aus der Schutzhaft" wurde in den Ausschuss überwiesen.

Paul Szillat führte aus:

> Die Sozialdemokratische Partei und ihre Vertreter in den Parlamenten des Reiches, der Länder und der Kommunen haben gemäss ihrer grundsätzlichen Einstellung auch nach der politischen Umwälzung versucht, ihre politische Tätigkeit im Rahmen der gesetzlichen Grenzen auszuüben. Diese Betätigung ist ihnen in immer zunehmendem Umfange trotz ihrer Gesetzlichkeit eingeengt worden. Neben dem Verbot unserer Presse erfolgten Zwangsmassnahmen und die Inhaftnahme eines grossen Teils unserer Mitglieder, Funktionäre und Abgeordneten, sowie die Beschlagnahme unseres Parteivermögens. Die Tätigkeit der verfassungsmässig bestehenden Partei ist daher in Wirklichkeit nahezu unmöglich.
> Wenn die Staatsgewalt die Ausschaltung der Sozialdemokratischen Partei aus dem politischen Leben unserer Nation nicht durch Zwangsmassnahmen, sondern durch geistige Überwindung will, so hat sie es in der Hand, bei der Totalität ihrer Macht, diesen Erfolg durch Umänderung der wirtschaftlichen Verhältnisse im sozialistischen Sinne, im Sinne einer sozialen und wirtschaftlichen Gerechtigkeit für den schaffenden Menschen zu erreichen. Geistige Überwindung kann auf dem Boden innerer Gleichberechtigung erfolgen, die wir als notwendige Voraussetzung für das Zusammenleben unseres Volkes fordern. Solange uns jedoch diese Voraussetzung versagt ist, sind wir nicht in der Lage, besonders nach den Erfahrungen,

… die mit der Ermächtigungsgesetzgebung des Reiches zusammenhängen, einem Ermächtigungsgesetz in Preußen, das eine Mitwirkung der parlamentarischen Vertretungen vollkommen ausschließt, unsere Zustimmung zu geben. Wir lehnen daher den Gesetzentwurf ab.[83]

> Diese von den Nationalsozialisten mit grossem Geschrei und Gebrüll aufgenommene Erklärung kann als die letzte parlamentarische Willensäusserung der grossen Sozialdemokratischen Partei angesprochen werden, als letzte Lebensäusserung einer Bewegung, auf der Tausende, ja Millionen schwer ringender Menschen ihre letzte Hoffnung gesetzt hatten.[84]

Wilhelm Kube reichte die offenbare Machtlosigkeit der SPD-Fraktion nicht. Er erklärte als Sprecher der NSDAP-Fraktion, dass die von ihm geführte Mehrheit nicht noch einmal eine derartige „Provokation“ hinnehmen werde. Die SPD-Fraktion habe „sich zu schämen und zu schweigen! (Langanhaltender und stürmischer Beifall bei der NSDAP)“. Der deutschnationale Fraktionsvorsitzende Friedrich von Winterfeld nahm an dieser offenen Drohung gegen andere Landtagsabgeordnete offenbar keinen Anstoß. Er erhoffte sich in seiner kurzen Zustimmungserklärung lediglich „vom Zusammenhalt unserer Führer und ihrer Gefolgschaft (die) schnellste Wiedererstarkung des Preußischen Staates, wie er einst von den Hohenzollern geschaffen wurde“. Danach wurde das von der NSDAP und der DNVP gemeinsam eingebrachte „Ermächtigungsgesetz“ in allen drei Lesungen im Eilverfahren mit „verfassungsändernder“ Mehrheit beschlossen, mit dem nach 214 Jahren Preußen seine Eigenmächtigkeit verlor.

Formal bestand die preußische Legislative ohne gesetzgeberische Befugnis eine Weile weiter. Erst am 14. Oktober 1933 löste eine einfache Verordnung der Reichsregierung alle Landtage im Deutschen Reich auf und damit auch den Preußischen Landtag. Das Gesetz

83 Jürgensen, 1944, S. 5 f.

84 Ebd.

über den Neuaufbau des Reiches vom 30. Januar 1934 machte Preußen schließlich wie alle anderen Länder zu einer bloßen „Verwaltungs- und Finanzeinheit".[85]

Dazu Jürgensen noch einmal: „Kommen wir zu der endgültigen Feststellung: Wenn eine Bewegung wie die deutsche Sozialdemokratie in der politischen Versenkung verschwindet, hat sie damit ihren alten Charakter für die Zukunft eingebüßt. Wenn der Nationalsozialismus einmal abtreten wird, muss die Frage der Organisation des Programms und damit des Charakters der neuen sozialistischen Partei in Deutschland neu erörtert und geklärt werden."

Wenn in vielen Zusammenkünften und Besprechungen in den Jahren nach 1933 in wohl allen Orten Deutschlands, wenn Sozialdemokraten zusammenkamen, Probleme erörtert wurden, ist damals immer wieder ein Ziel ins Auge gefasst worden, eine einheitlich deutsche sozialistische Partei zu schaffen, die Platz und Raum für alle bieten soll, die ernsthaft und aktiv an der Durchführung des Sozialismus mitarbeiten wollen. Wenn dabei Schlacken der Vergangenheit beseitigt werden müssen, dürfte davor nicht zurückgeschreckt werden, auch dann nicht, wenn dabei schmerzhafte Wunden entstehen sollten. Das war in fast allen Kreisen der Mitglieder der alten SPD während der Naziherrschaft die allgemeine Auffassung.

85 Heimann, 2011, S. 260 f.

Die Angriffe der Nationalsozialisten richteten sich, wenn auch zunächst gegen die Linksparteien, gegen alles, was nicht nationalsozialistisch war. Die bürgerlichen Parteien ereilte dann einer nach der anderen dasselbe Schicksal, das den Linksparteien schon bereitet worden war. Es galt für die Mitglieder dieser Parteien jetzt, ~~die~~ Stellung zu beziehen, soweit es nicht schon geschehen, die notwendig war, um auch jetzt wieder obenauf zu bleiben. Trotzdem die Lage erheblich schwieriger war als 1919, war es doch für viele sehr einfach. Man erkannte das Hakenkreuz, als das politische Wahrzeichen an und konnte somit seine Stellung in der Verwaltung oder sonstwie im öffentlichen Leben beibehalten. Etwas Langersehntes, Unfassbares hatte sich in Herz und Hirn der Angehörigen der bürgerlichen Parteien gelöst. Die Kommunisten waren von der politischen Bildfläche verschwunden, wenn auch zunächst nur äusserlich. Es galt, sie in ihrem Schlupfwinkel zu halten und man würde seine Ruhe haben. Die neuen Machthaber würden es schon schaffen, evtl. könnte man dabei ein wenig helfen.

Die Sozialdemokratie war tot, die Gewerkschaften beseitigt und es war versprochen, den Marxismus endgültig zu beseitigen.[86]

Zur großen Bühne: „Vier Tage nach seiner Ernennung zum Reichskanzler, am 3. Februar 1933, äußerte sich Hitler in einer geheimen Rede vor den Befehlshabern des Heeres und der Marine in der Dienstwohnung des Chefs der Heeresleitung, General Kurt von Hammerstein-Equord, umfassend, wenn auch nicht vollständig über das, was er zu tun gedachte: ‚Ausrottung des Marxismus mit Stumpf und Stiel ... straffste autoritäre Staatsführung. Beseitigung des Krebsschadens der Demokratie! ... Aufbau der Wehrmacht wichtigste Voraussetzung zur Erreichung des Ziels: Wiedererringung der politischen Macht. Allgemeine Wehrpflicht muss wiederkommen ... Wie soll politische Macht, wenn sie gewonnen ist, gebraucht werden? Jetzt noch nicht zu sagen. Vielleicht Erkämpfung neuer Exportmöglichkeiten, vielleicht – und wohl besser – Eroberung neuen Lebensraumes im Osten und dessen rücksichtslose Germanisierung. Der Mann, den Hindenburg zum Kanzler gemacht hatte, schien nicht nur entschlossen zu sein, seinen Worten Taten folgen zu lassen. Er war es.“[87]

86 Jürgensen, 1944, S. 9 f.

87 Winkler, 2019, S. 319.

Tauchte die Frage auf, kann man den Neuen trauen, fand man schnell einen Ausweg und zwar den, den Knechtsseelen immer und zu allen Zeiten stets gefunden haben. Man kroch auf allen Vieren unter die nationalsozialistischen Fittiche. Stolz trug man auf der von eitlem Selbstbewusstsein geschwellten Bürgerbrust das Hakenkreuzabzeichen und freute sich von ganzem Herzen, Bürger des neuen tausendjährigen Reiches zu sein. Wenn dem Führer der neuen Bewegung ein Sieg-Heil zugebrüllt wurde, mussten die alten Kämpfer der neuen Bewegung Obacht geben, gegenüber diesen Helden nicht ganz ins Hintertreffen zu kommen.

[88]

Aber Jürgensen dachte in seiner Vorschau auf das Ende weiter:

Dann kam der Krieg. Man sah sehr bald auch in bürgerlichen Kreisen, dass nicht nur die Brüder und Söhne der in den Konzentrationslägern sitzenden Angehörigen der früheren Linksparteien, sondern auch ihre Angehörigen nicht nur eingezogen wurden und Krieg spielen mussten, wie sie es seit jeher so gerne getan hatten, sondern es dauerte nicht lange, bis in den Zeitungen die grossen Spalten von Gefallenen-Anzeigen erschienen, die alle Bevölkerungsschichten erfassten. Verlustlisten gab es nicht mehr. So etwas wurde als veraltet und überlebt abgetan.

Es kamen die grossen Luftangriffe auf unsere Städte. Dem fielen die Arbeiterwohnungen genau so zum Opfer, wie die Häuser der kleinen Geschäftsleute, die Villen und grossen Bürgerhäuser der Wohlhabenden und Reichen. Der Leidtragende war auch hier, wie immer der Arbeiter. Während er mit seiner Wohnung alles, was er besass, versinken sah, hatten Viele aus bürgerlichen Kreisen die Möglichkeit, ganze Wohnungseinrichtungen oder Teile derselben

88 Jürgensen, 1944, S. 10.

derselben anderswo unterzubringen und damit retten zu können.

Aber sehr viele frühere Angehörige der alten bürgerlichen Parteien hatten alles verloren und standen, wie die Arbeiter auch, vor dem Nichts. Und da stellte es sich heraus, sie, die noch vor ganz kurzer Zeit sich offen zu Adolf Hitler bekannt hatten, wollten es plötzlich nicht mehr gewesen sein, sie hatten auch die Partei nicht gewählt. Wer sich umhörte, musste erstaunt sein, wie Hitler überhaupt an die Macht kommen konnte, denn Niemand will ihn am 5. März 1933 gewählt haben. Alle fürchteten die Verantwortung auf sich zu nehmen, weil alle sahen, das Ende für das deutsche Volk würde ein so furchtbares sein, dass es nicht auszumalen und in Worten nicht auszudrücken sein würde. So verleugnete man in Kreisen des Bürgertums das, was man vor kurzem anbetete, man blickte schaudernd in die Zukunft und hoffte auf ein Wunder, das Deutschland in letzter Stunde noch erretten könnte.

[89]

1944 schreibt Jürgensen: „Die Herrschaft der Nationalsozialisten steht vor ihrem Ende. Millionen Menschen sind in's Grab gesunken, ihre Familien in unbeschreiblichem Elend und Not zurücklassend. Statt des angekündigten Tausendjährigen Reiches der Deutschen wird uns ein Trümmerfeld hinterlassen und anstatt eines geordneten Wirtschaftslebens, wenn auch auf kapitalistischer Grundlage, werden wir auf lange Sicht einen energischen Kampf gegen Hunger und Not führen. Neue Wirtschaftsformen auf sozialistischer Grundlage werden gefunden werden müssen, wenn es gelingen soll, den Menschen zu helfen."[90]

*****

Schon vor dem 30. Juni 1933, dem Tag der Ernennung Hitlers zum Reichskanzler und damit dem Beginn der Umwandlung der parlamentarischen Demokratie und deren Verfassung in eine nach dem Führerprinzip agierende zentralistische Diktatur waren die Kon-

89 Jürgensen, 1944, S. 11 f.

90 Jürgensen, 1944, S. 140.

zentrationslager als Machtmittel fertiggestellt oder in der Planung, Nohra seit dem 3. März, Dachau seit dem 13., dazu weitere dreizehn, unter ihnen Esterwegen.

Die Konzentrationslager sind das weitere große und jetzt auch furchtbare Thema Jürgensens:

Konzentrationslager

II. Die Schutzhaft allgemein.

Das wichtigste und beliebteste Terrormittel der Naziregierung in Deutschland gegen frühere politische Gegner war von Anbeginn die Schutzhaft, deren schärfste Form die Unterbringung in ein Konzentrationslager darstellte.

Die Schutzhaft wurde verhängt, wenn es der Gestapo gefiel.

Es konnte ein Schutzhaftbefehl ausgestellt werden, in den zahlreichsten Fällen ist das aber nicht geschehen.

Der Schutzhaftbefehl sollte eine Begründung enthalten, ist aber in den Fällen, wo überhaupt ein solcher bei der Verhaftung ausgestellt wurde, in der Regel ohne Begründung ausgestellt worden. In den nachträglich zugestellten Schutzhaftbefehlen hat man in der Regel eine Begründung aufgenommen, die aber meistens falsch war.

Der Verhaftete befand sich aber längst in einem Konzentrationslager, konnte also gegen die falsche Begründung seiner Verhaftung auch nicht das Geringste unternehmen.

Rechtsmittel irgendwelcher Art gab es in der Schutzhaft nicht.

Die Gestapo führte die Verhaftung durch. In ihren Büros ging die Vernehmung vor sich, die in vielen Fällen mit der Anwendung schärfster Druck- und Terrormittel und Misshandlungen verbunden war. Von der Vernehmung wurde ein Protokoll angefertigt, das in allen Fällen den Schlussatz enthielt, ich erkläre ausdrücklich, dass ich diese, meine Aussage, frei und nach eigenem Ermessen, der Wahrheit entsprechend, gemacht habe, dass auch nicht versucht wurde, durch irgend ein Druckmittel mich in meinen Aussagen zu beeinflussen. Protokolle dieser Art sind in jedem Falle von den zur Vernehmungen vorgeführten Personen unterschrieben worden, trotzdem in vielen Fällen mancher der Vernommenen nicht mehr in der Lage war, das Vorgelegte überhaupt noch lesen zu können, da er völlig zerschlagen war, zerschlagen von der Behandlung in den Nebenräumen des Vernehmungszimmers.

Nach der Vernehmung erfolgte in der Regel die Überführung ein Konzentrationslager und zwar, ohne dass dem Verhafteten irgend eine Mitteilung davon gemacht wurde. Er wurde früh am Morgen aus der Zelle geholt, mit dem Polizeiwagen zur Bahn gebracht und mit dem fälligen Gefangenenwagen an irgend einen fahr-

fahrplanmässigen Zug gehängt, um sich dann nach Ablauf von drei, vier oder fünf Tagen in einem abgelegenen Winkel seines geliebten Vaterlandes in einem Konzentrationslager als Schutzhäftling wiederzufinden. Hier fand er dann die Hölle auf Erden. Die Entlassungen aus der Schutzhaft gingen in der Regel so vor sich, dass dem Häftling eine Erklärung zur Unterschrift vorgelegt wurde, worin gesagt wurde, dass der Häftling mit dem betr. Tage aus der Schutzhaft entlassen sei, dass die Behandlung gut war, und er, der Häftling, sich in einem guten Gesundheitszustand befinde. Nach der Entlassung hatte sich der Häftling bei der Gestapo in Berlin zu melden. An diesen Stellen erhielt er dann die weiteren Verhaltungsmassregeln für die Zukunft, die meistens in einer täglichen Meldung bei der zuständigen Polizeidienststelle des Wohnortes bestanden. Das war der Hergang, wie er sich in jedem einzelnen Schutzhaftfall abgespielt hat, von kleinen Unterschiedlichkeiten abgesehen. Die polizeiliche Meldung zur Kontrolle konnte sich oft jahrelang hinziehen, bevor die Gestapo sich entschloss, diese Massnahme aufzuheben.

Die Einrichtung der Geheimen Staatspolizei wurde schon im Jahre 1932 geschaffen. Nach der Exekution gegen die Preussenregierung am 20. Juli 1932 und dem damit verbundenen Ausscheiden des sozialdemokratischen Innenministers S e v e r i n g wurde mit dem Aufbau begonnen. Ein junger Assessor, D i e h l s mit Namen und bis dahin Mitglied der demokratischen Partei, der als Vertrauter des Ministers tätig gewesen war, übernahm die Leitung der Geheimen Staatspolizei (Gestapo). Sie war in ihrem Aufbau soweit, dass sie nach der Machtübernahme 1933 ihre Tätigkeit aufnehmen konnte. Damals hatte sie einen verhältnismässig kleinen Beamtenstamm; heute verfügt sie über ein Riesenheer von Beamten.

Die Gestapo ist die grösste Behörde Deutschlands.

Es gibt keine Verwaltungsstelle der Behörden, keinen Wirtschafts- und Berufszweig, keine Veranstaltung künstlerischer oder geselliger, bildender oder unterhaltender Art, keine Familienfeier, sei es Hochzeit oder Sterbefall usw. in die die Gestapo nicht eingedrungen wäre oder einzudringen versucht hätte.

Die Einrichtung der Gestapo ist eine Begleiterscheinung des autoritären Staates, sie ist nicht etwa als Ersatz für die Kriminalpolizei anzusehen, sondern bildet eine Organisation für sich.

Die Kriminalpolizei blieb nach wie vor weiter bestehen, wenn auch mit etwas beschränktem Aufgabenkreis, im Vergleich zu früher.

Die Gestapo wurde geschaffen zu dem Zweck, Furcht und Schrekken in der Bevölkerung zu erzeugen und die Bevölkerung in diesem Zustand dauernd zu erhalten, um dadurch kritische Äusserungen, oppositionelle Meinungsbildungen und Zusammenschlüsse von Personen gar nicht erst aufkommen zu lassen oder gleich im Keim zu ersticken.

Damit sollte jede Voraussetzung für die Aufnahme einer politischen Betätigung der Bevölkerung ausserhalb des Rahmens der NSDAP unterbunden werden.

Wer behaupten wollte, die Gestapo habe diese ihr gestellte Aufgabe nicht erfüllt, befindet sich in einem Irrtum.

Wer das Wirken dieser Polizei-Organisation von 1933 ab beobachten konnte und vielleicht nebenbei noch persönlich Gelegenheit hatte, es am eigenen Leibe kennen zu lernen, der weiss es besser.

Die Gestapo beherrschte das öffentliche Leben in Deutschland. Sie hatte ein engmaschiges Netz ihrer Organisation über das ganze Reichsgebiet gespannt, das keinen Ort ausliess. Ähnlich lagen die Verhältnisse in den besetzten Gebieten während des Krieges.

Ohne die Geheime Staatspolizei, mit ihren altertümlichen Methoden bei der Vernehmung Verhafteter und der unmenschlichen und brutalen Behandlung der Schutzhäftlinge wäre das dritte Reich undenkbar gewesen, es wäre längst in sich selbst zusammengefallen.

Auch in den Kreisen der Bürgerlichen Parteien gab es, neben der zwangsläufigen Preisgabe liebgewordener Gewohnheiten, Opfer persönlicher Art. Auch hier waren vereinzelte Schutzhaftfälle zu verzeichnen. Ebenso war die Führerschicht der Hirsch-Dunkerschen und der Christlichen Gewerkschaften diesen Massnahmen unterworfen, auch hier gab es Todesfälle in den Konzentrationslägern.

Am schlimmsten erging es aber den Angehörigen der Linksparteien, der KPD und der SPD. In vielen vielen Fällen hing eine Schutzhaftverhängung und ihre Aufrechterhaltung von dem Wohlwollen und der Laune einer kleinstädtischen oder Dorf-Nazigrösse ab. Wessen Gesicht jemand nicht passte, der war reif für das KZ-Lager.

Die Angehörigen der bürgerlichen Parteien, die in Schutzhaft

Schutzhaft gerieten, waren denen der Linksparteien gegenüber stark im Vorteil. Der Umstand, dass sich zahlreiche Angehörige der bürgerlichen Parteien Einfluss in Staatsstellungen, im Wirtschaftsleben und in der Partei der Nazi's selbst verschafft hatten, gab den Angehörigen der bürgerlichen Schutzhäftlinge die Möglichkeit, sich dieser Männer als Mittler und Fürsprecher gegenüber der Staatsregierung und ihrer Organe und der Gestapo zu bedienen. Auf diesem Wege konnte wenigstens in den ersten Jahren in vielen Fällen geholfen und eine Entlassung herbeigeführt werden.

Ganz anders lagen die Dinge, wenn es sich um Schutzhäftlinge handelte, die den früheren Linksparteien angehört hatten. Hier bestand meistens nur die Möglichkeit, durch Vorstelligwerden der nächsten Angehörigen bei der Gestapo oder ihrer Dienststellen den Versuch einer Freistellung und Entlassung aus der Schutzhaft zu unternehmen.

Versuche dieser Art waren leider von ganz wenigen Ausnahmen abgesehen, erfolglos. Die Verhafteten mussten auf ihre Freilassung warten, bis es der Gestapo, dem Lagerkommandanten des betr. KZ-Lagers oder der örtlichen Parteiinstanz des Wohnortes des Inhaftierten gefiel, ihre Einwilligung zu geben. So lagen die Dinge bei den Angehörigen der Linksparteien allgemein. Die Folge war, dass die Schutzhaft sich in peinigender Ungewissheit Jahr um Jahr hinziehen konnte, ohne dass der Häftling auch nur einen Lichtblick auf die etwa wiederkehrende Freiheit bekommen hätte.

Die einst vorhandengewesenen Parteiapparate waren zerschlagen. Der Einfluss der SPD auf die Verwaltung, besonders in Preussen war mit dem Verbot der politischen Betätigung verschwunden. Die früheren Mitgliedèr waren allgemein jeder auf sich selbst gestellt, auch im Kampf mit der Gestapo. Es kam auf den Mut und die Geschicklichkeit der Angehörigen der Inhaftierten an, zunächst erst einmal an die zuständigen Stellen heranzukommen, die über die Entlassung entscheidend bestimmen oder vielleicht dabei mitwirken konnten. In der Mehrzahl der Schutzhaftfälle mussten daher die Familien auf die Rückkehr der Inhaftierten warten, bis es der Gestapo gefiel, sie wieder freizulassen. Zahlreich sind auch die Fälle, in denen die Angehörigen die Aschenurne ins Haus geschickt bekamen oder die Mitteilung von der Beerdigung auf einem

einem abgelegenen Friedhof draussen im Moor, an der holländischen Grenze oder sonst in der Nähe eines abgelegenen KZ-Lagers.

Es gab nach Erlass des Betätigungsverbotes gegen die SPD nur noch wenige frühere Mitglieder dieser Partei, denen es gelang, auf Grund ihrer früheren Stellung in der Verwaltung oder im Parlament, dank persönlicher Beziehung zur Bürokratie, den neuen Männern des Staates und zur Gestapo, sich für die Freilassung früherer politischer Freunde einzusetzen. Die Mehrzahl der Personen, die in diesem Sinne hätte wirken können, waren selbst in Schutzhaft oder befanden sich im Ausland. Angesichts der Riesenzahl der Schutzhaftfälle konnte demnach durch Hilfe von aussen nur verschwindend wenig erreicht werden. Die grosse Mehrzahl der Inhaftierten wird daher von diesen verhältnismässig geringen Bemühungen kaum etwas bemerkt haben.

Die wenigen früheren Abgeordneten der SPD, die nicht in Schutzhaft kamen, als das Betätigungsverbot erlassen wurde, hatten nicht die Verbindung zu den Verwaltungsstellen, die für die Aufnahme einer solchen Tätigkeit erforderlich war. In vielen Fällen beschränkte sich die Verbindung des Abgeordneten auf das Fachressort, mit dem er früher auf Grund der Arbeitsteilung seiner Fraktion arbeiten musste.

Durch diesen Umstand waren die wenigen Kräfte, die nicht verhaftet waren, lahm gelegt. Es war völlig sinnlos, im Jahre 1933 als Unbekannter in irgend ein Ministerium zu kommen. Ein Erfolg war keinesfalls zu erwarten, besonders nicht in der delikaten Frage der Schutzhaft. Es blieben demnach nur einige Personen, die Versuche dieser Art machen und sich für ihre Freunde in der Schutzhaft einsetzen konnten.

Aus der Verwaltung war es ein höherer Verwaltungsbeamter, Ernst v. Harnack, der als Regierungspräsident in Merseburg im mitteldeutschen Gebiet gewirkt hatte. Durch Abstammung und Verwandtschaft, als Offizier des ersten Weltkrieges und ausgestattet mit ganz besonders verbindlichen Verhandlungseigenschaften verkörperten sich in seiner Person alle Voraussetzun-

Voraussetzungen, für die Freunde in der Schutzhaft tätig sein zu können. Er nahm sich der Angehörigen der Schutzhäftlinge an und versuchte, eine beschleunigte Aufhebung der Schutzhaft zu erreichen. In zahlreichen Fällen konnte er Hilfe bringen und eine beschleunigte Entlassung aus der Schutzhaft bei der Gestapo erwirken. Es mögen sich draussen im Lande noch andere abgebaute Beamte, die früher der SPD angehörten, im gleichen Sinne bemüht haben, die aber unbekannt geblieben sind.

Von den Parlamentariern der SPD verblieb ich in Berlin als der frühere Geschäftsführer der SPD-Fraktion im Preussischen Landtag, der 1933 nicht in Schutzhaft genommen wurde, vielleicht weil ich im Jahre 1932 in einer Schlacht zwischen Nationalsozialisten und Kommunisten im Sitzungssaal des Landtages eine schwere Kopfverletzung davontrug. Durch eine elfjährige Tätigkeit auf diesem Posten hatte ich zu den Ministerien die besten Beziehungen und stand bei der Bürokratie in gutem Ansehen. Es war daher für mich nicht schwer, Zutritt zu den Ministerien und der Gestapo zu erlangen.

In zahlreichen mündlichen Besprechungen im preussischen Staatsministerium, Ministerium des Innern für Preussen und das Reich, Oberpräsidium für Berlin und Brandenburg und zahlreichen anderen Behörden wurde die Schutzhaftfrage zur Sprache gebracht und darauf schriftliche Eingaben nachgereicht. Ausserdem kam es zu Besprechungen mit führenden Männern der NSDAP., Reichsminister Kerrl, Oberpräsident Kube usw., während Ministerpräsident Göring sich dem entzog. Dafür wurde ihm das Material schriftlich unterbreitet. Die Eingaben hatten folgenden Wortlaut:

Berlin-Tempelhof, den 15.12.33.

Herrn
Ministerpräsidenten G ö r i n g
durch den Inspekteur der Geheimen Staatspolizei
Herrn Ministerialrat Dr. D i e h l s
<u>Berlin Geheimes Staatspolizeiamt.</u>

Die folgenden vier Seiten sind hier nicht berücksichtigt und werden auf den Seiten 96 - 99 im Rahmen des dortigen Textes bearbeitet.

Männern der NSDAP. in Preussen, soweit es sich um ihnen bekannte Sozialdemokraten handelte, in einzelnen Fällen erfolgreich, so dass auf diesem Wege einige Entlassungen erfolgen konnten.

Ähnlich sind auch die zahlreichen Bemühungen im Jahre 1933 bei der Gestapo ausgefallen; eine Anzahl von Personen bekam auf diese Weise ihre Freiheit wieder und von den betroffenen Familien wurde die grösste Sorge genommen. Was bedeutete das aber unter so vielen?

Wenn es auch gelang, einer Anzahl höherer Verwaltungsbeamter in leitenden Stellen der Ministerien Material über die Schutzhaft zu unterbreiten, so weiss man doch nicht, wie weit die zugesagte Unterstützung in dieser Frage gegenüber der Gestapo praktisch geworden ist.

Ob jemals die generelle Aufhebung der Schutzhaft von Angehörigen der Bürokratie angeschnitten wurde, wie es in Aussicht gestellt war? Man weiss es nicht, aber es ist schwer, daran zu glauben.

Jedenfalls kann festgestellt werden, die Nationalsozialisten haben nicht daran gedacht, sich des bei ihnen so beliebten Terror- und Druckmittels der Schutzhaft zu entäussern und sie abzuschaffen. Sie wussten, die Herrschaft der NSDAP. war ohne die Schutzhaft nicht denkbar. Über jeden Nichtnationalsozialisten schwebte drohend die Schutzhaft, die nach jahrelangem Krieg in immer rücksichtsloserer Form gehandhabt wurde.

Die sachlichsten Argumente, den Dienststellen der nationalsozialistischen Regierung und ihrer Gestapo in der ruhigsten und sachlichsten Art und Weise vorgetragen, haben nicht den Erfolg gebracht, in der Schutzhaftfrage etwas grundlegend zu ändern. Einzelerfolge in Form von Einzelentlassungen mögen noch so wertvoll gewesen sein für die davon Betroffenen, entscheidend ist die Tatsache: Zehntausende und Aberzehntausende guter deutscher Staatsbürger befinden sich heute noch in den KZ-Lagern der Gestapo. Sie werden nicht entlassen. Andere in grosser Zahl werden den Lägern neu zugeführt. Man nimmt sie fest, trotzdem ihre Väter, Söhne und Brüder bereits tot auf den Schlachtfeldern des dritten Reiches vermodernd liegen.

Entscheidend ist die Tatsache: Ohne politische Schutzhaft kann die nationalsozialistische Regierung nicht leben. Sie kann auf die Anwendung dieses grausamen Terrormittels nicht verzichten. Um die Bevölkerung in Furcht und Schrecken zu erhalten, muss sie in der Schutzhaft zurückgreifen auf Quälereien und Foltermethoden aus der Zeit der Inquisition und der Hexenprozesse des Mittelalters. Sie kann auch auf diese Methoden nicht verzichten.

Sie muss den Wächtern der Schutzhäftlinge und deren Offiziere aus den Reihen der SS freie Hand lassen, im Befinden darüber, welche Tortouren jeweils zur Anwendung zu bringen sind. Das, was in der SS im Zeichen einer falsch verstandenen und überspannten Disziplin oder auch um Misstände und Übergriffe zu vertuschen gegen eigene missliebige Kameraden angewandt wurde, kam in hundertfältiger Steigerung gegen wehrlose Schutzhäftlinge zur Anwendung und fand stets die Billigung der Lagerführung, für die der Reichsführer der SS, Heinrich Himmler verantwortlich zeichnete und die er in jedem Falle deckte.
Inzwischen waren meine Bemühungen für die Schutzhäftlinge der Gestapo scheinbar unbequem geworden, am 12. Oktober 1935 wurde ich festgenommen und verblieb bis zum 17. Oktober 1936 in der Schutzhaft im Lager. Sieh. Aus der Praxis der Schutzhaft.
Der erwähnte höhere Verwaltungsbeamte, Regierungspräsident a.D., wurde im September 1944 verhaftet und ~~befindet sich heute noch in Haft.~~ [illegible] in Verbindung mit dem 20. Juli 1944 [illegible].

Und die bürgerlichen Politiker von gestern? Glaubt man, indem man sich blind und taub stellt, um diese Fragen herumkommen zu können? Glaubt man, an dem Tage, an dem die Verantwortlichen zur Verantwortung gezogen, sich davor drücken zu können, indem man erklärt, man wisse von nichts?

~~O nein, Ihr Herren~~! Es wird der Tag kommen, an dem alle, die direkt oder indirekt für die Greueltaten, die an den Schutzhäftlingen begangen worden sind, Rede und Antwort zu stehen haben.

Es wird die Stunde kommen, wo niemand mehr kneifen kann.

Im Folgenden sind Versuche einer Einflussnahme Jürgensens erkennbar:

Bernhard Lichtenberg, Dompropst in Berlin, wurde am 23. Juni 1969 im Berliner Olympiastadion durch Papst Johannes Paul II. seliggesprochen und damit offiziell von der katholischen Kirche als Märtyrer anerkannt.

Als einer der wenigen im Klerus setzte sich Lichtenberg frühzeitig nicht nur kritisch mit der nationalsozialistischen Weltanschauung auseinander, sondern unterstrich seine Haltung unbeirrt und unerschrocken durch schriftliche Eingaben bei hohen Staats- und Parteistellen gegen Maßnahmen, die er mit seinen katholischen Grundsätzen und seinem Gewissen nicht vereinbaren konnte. So legte er am 10. Dezember 1935 als „Dompfarrer der St.-Hedwigs-Gemeinde, zu der auch die Reichskanzlei gehört", bei Adolf Hitler persönlich Protest ein gegen die Verbreitung antikirchlicher Schriften („Pfaffenspiegel") und trug dem „Führer und Reichskanzler" die Bitte vor, „den schriftstellernden Totengräbern des deutschen Vaterlandes das Handwerk zu legen". So schrieb er am 28. August 1941 an Reichsärzteführer Dr. Leonardo Conti und forderte diesen mit Bezug auf die in der Bevölkerung bekannt gewordenen Euthanasiemaßnahmen auf, Rechenschaft abzulegen „für die Verbrechen, die auf Ihr Geheiß oder mit Ihrer Billigung geschehen und die des Herren über Leben und Tod Rache über das deutsche Volk herausfordern".

Am 18. Juli 1935 hat Jürgen Jürgensen die Redaktion des „Katholischen Kirchenblattes für das Bistum Berlin" aufgesucht und angefragt, ob die Kirche nicht einen Schritt gegen die Grausamkeiten und Morde in den Konzentrationslagern unternehmen könne. Domvikar Walter Adolph, Schriftleiter des Kirchenblattes, dem Jürgensen vorgetragen und weiteres Schriftmaterial überreicht hatte, vereinbarte aus Gründen der Vorsicht, da er immer mit einem Besuch der Gestapo rechnete, einen Termin nach Dienstschluss. Er ließ sich ausführlich berichten, seine Sekretärin protokollieren und legte das Ergebnis Lichtenberg vor. Die Reaktion hat sein Biograph, Alfons Erb, überliefert: „Jener nahm den Bericht zur Hand und begann zu lesen, und nach fast jeder Zeile stöhnte er in Schmerz und Entsetzen auf und rief ‚mein Gott!' Als er zu Ende gelesen hatte, griff er zum Telefon und ließ sich mit dem damaligen Chef der Gestapo, Hermann Göring, verbinden. Den Ministerialrat in Görings Büro ersuchte er um eine sofortige Unterredung mit dem Ministerpräsidenten Göring, nahm ohne zu zögern den Gang auf, wurde aber nicht vorgelassen. Er übergab seine Akte dem Ministerialrat, forderte sofortiges Einschreiten. Dieser äußerte, es sei nicht die erste Aktion der Art, er werde sich dafür einsetzen, dass solchen Zuständen abgeholfen würde."

Jürgensen hatte in seinem Bericht die systematische Prügelstrafe beschrieben: „Der zu Bestrafende wird in Anwesenheit der Häftlinge und der SS-Wachmannschaften, die sich zu einem Karree aufgestellt haben, auf einem Bock mit Lederriemen festgeschnallt" – es folgt die exakte Beschreibung des Vorgangs. Weiter wird die Misshandlung des sogenannten Schleifens auf der Lagerstraße erklärt: „Der Gefangene muss zuerst die 200 m hin- und zurückrennen. Es wird Stillgestanden kommandiert. In dieser Stellung muss er sich hinwerfen und dann, die Arme fest an den Körper gedrückt, die Strecke hin- und zurückrollen. Wenn er zurückkommt, heißt es: ‚Sprung auf, marsch, marsch!' Der Gefangene, der nun versucht aufzustehen und in Laufschritt zu kommen, stürzt nieder, da die körperliche Kraft dazu nicht mehr ausreicht." Am stärksten haben die Juden unter der erniedrigenden Behandlung zu leiden. „Sie müssen meistens Jauche fahren, die Klosettgruben reinigen und das teilweise mit den bloßen Händen. Sie müssen, wenn sie zum Rollen kommandiert werden, in der Jauche rollen." Jürgensen berichtete über weitere Misshandlungen und Morde.

Lichtenbergs Protestschreiben wirbelte einigen Staub auf. Wegen der Angaben über Misshandlungen und Erschießungen von Häftlingen im KZ Esterwegen wurde tatsächlich die von Lichtenberg erbetene Nachprüfung vorgenommen. Göring leitete nämlich die Eingaben des Berliner Domkapitulars am 7. August 1935 an das zuständige Preußische Geheime Staatspolizeiamt in Berlin weiter. Zwar war Göring in seiner Funktion als Ministerpräsident noch immer „Chef" der Geheimen Staatspolizei in Preußen, doch hatte die SS ihre Macht in diesem Bereich entscheidend ausbauen und festigen können, nachdem Göring selbst im April 1934 Himmler zum Inspekteur der Gestapo in Preußen ernannt hatte und dessen engster Mitarbeiter, Heydrich, Leiter des Staatspolizeiamtes in Berlin geworden war. Nach mehrfacher Mahnung wurde die von Göring angeforderte Stellungnahme schließlich am 27. September 1935 im Auftrage Himmlers von Werner Best verfasst. Best führte aus, Lichtenberg habe seine Angaben über die Zustände im KZ Esterwegen durch Informationen des Kapuzinerpaters Berges, genannt Pater Lugerus, erhalten. Dieser habe in drei Briefen übelste Gräuelnachrichten verbreitet. Tatsächlich waren es aber die Mitteilungen Jürgensens gewesen, die dieser der Redaktion des „Katholischen Kirchenblattes für das Bistum Berlin" gemacht hatte.

Best führte weiterhin aus, bei allen Vorgängen im Lager würden Vorschriften und Lagerordnung eingehalten – spricht daraus doch das perfide und verlogene Vorgehen der Politischen Polizei! Die Prügelstrafe werde stets ordnungsgemäß vollstreckt, die Erschießung von Gefangenen sei „auf der Flucht" erfolgt, was jedes Mal gerichtlich festgestellt worden sei. Anders als der kaltblütige, auf Sachlichkeit bedachte NS-Jurist äußerte sich SS-Gruppenführer Theodor Eicke:

Wie dem „Hetzapostel Lichtenberg" wohl nicht bekannt sei, liege er, Eicke, Woche für Woche auf der Landstraße, um die Konzentrationslager zu kontrollieren und den „giftigen, staatszersetzenden Speichel hetzender Kapläne abzuwischen". In den Konzentrationslagern, für die er als Inspekteur zuständig sei, gehe es ordentlich und sauber zu: „Wenn der Hetzapostel Lichtenberg seinen Altar so sauber hält wie die verantwortlichen SS-Führer ihren Dienstbereich, dann ist es im Dritten Reiche wohl bestellt. Solange aber diese Wühlmäuse die deutschen Devisen auffressen und ihren Kot auf den Altären zurücklassen, solange weiter der staatszerfressende politische Hassgeifer die Flammen der Altarkerzen in Schwingungen versetzt, solange haben diese ultramontanen, staatsvernichtenden Kräfte kein Recht, sich um staatliche Belange zu kümmern." Entsprechend vulgär fährt Eicke fort, um dann zu schließen: „Ich stelle den Antrag, den Gräuellügner Lichtenberg wegen heimtückischer Angriffe auf den Staat in Schutzhaft zu nehmen, damit er sich im Lager Esterwegen von der Ordnung und Sauberkeit überzeugen kann und Veranlassung bekommt, diese Ordnung auch in seinem kirchlichen Laden als musterhaft einzuführen."

Die Schutzhaft blieb Lichtberg erspart, aber wenige Tage nach seinem Protest beantragte die Gestapo beim Reichsministerium für kirchliche Angelegenheiten Strafanzeige wegen Landesverrats, Kanzelmissbrauchs und Verstoßes gegen das Heimtückegesetz[91], und am 23. Oktober 1935 wurde Lichtenberg verhaftet.[92] Bei einer Haussuchung fand die Gestapo den Entwurf einer Kanzelverkündigung, in der Lichtenberg ein anonymes, gegen Juden hetzendes Flugblatt verurteilte, das nach staatsanwaltlichen Ermittlungen (!) im Auftrage von Reichspropagandaminister Goebbels hergestellt und in Berlin verbreitet worden war. Der antijüdischen Hetze setzte Lichtenberg das christliche Gebot der Nächstenliebe entgegen. Im Prozess vor dem Sondergericht wurde ihm später diese beabsichtigte Kanzelverkündigung als schweres Vergehen gegen das sog. „Heimtückegesetz" angelastet. – Anlass für Lichtenbergs Verhaftung war eine Denunziation. Zwei Studentinnen hörten zufälligerweise sein Abendgebet für nichtarische Christen, Juden und Gefangene in Konzentrationslagern und zeigten ihn an. Die Gestapo griff zu. Sie hatte inzwischen genügend Material über ihn gesammelt. Der Priester geriet in eine Maschinerie, der er bis zu seinem Tod nicht entkam: Vernehmungen, Haftbefehl, sieben Monate Untersuchungshaft in Berlin-Moabit (trotz krankheitsbedingter Haftunfähigkeit), Verurteilung vor dem Sondergericht zu zwei Jahren Gefängnis wegen „Kanzelmissbrauchs" und Vergehens gegen das „Heimtückegesetz".

91 Das Gesetz gegen heimtückische Angriffe auf Staat und Partei und zum Schutz der Parteiuniformen vom 20. Dezember 1934, bekannt unter der Bezeichnung Heimtückegesetz, stellte die missbräuchliche Benutzung von Abzeichen und Parteiuniformen unter Strafe. Es schränkte darüber hinaus das Recht auf freie Meinungsäußerung ein und kriminalisierte alle kritischen Äußerungen, die angeblich das Wohl des Reiches, das Ansehen der Reichsregierung oder der NSDAP schwer schädigten.

92 11 Tage nach Jürgensen

Lichtenberg verglich sein Dasein in diesen Monaten mit dem eines Kartäusermönches in seiner Zelle. Von Hunger und Kälte geplagt, nahm der herzkranke und nierengeschädigte Priester, der seine Briefe mit „Gefangener im Herrn" unterschrieb, rapide ab. Mehrere Lazarettaufenthalte brachten dem Todkranken keine Besserung. Bei seiner Haftentlassung am 23. Oktober 1943 wartete die Gestapo bereits vor den Gefängnistoren. Im Rahmen einer „Rücksistierung" nahm sie ihn in Schutzhaft und wies ihn in das Konzentrationslager Dachau ein, da zu befürchten sei, „dass Lichtenberg nach seiner Haftentlassung wiederum in staatsfeindlichem Sinne in Erscheinung tritt und hierdurch die Öffentlichkeit beunruhigt". Sein Transport führte zunächst zum „Arbeitserziehungslager" Wuhlheide bei Berlin, wo der Schwerkranke zwei Tage und zwei Nächte in einer Rumpelkammer eingesperrt war. In einem ungeheizten Güterwaggon mit anderen KZ-Kandidaten zusammengepfercht, ging es weiter in Richtung Dachau. Diesen Ort des Schreckens sollte Lichtenberg nicht mehr lebend erreichen. In der oberfränkischen Stadt Hof macht der Transport einen Zwischenaufenthalt. Er wurde in das Krankenhaus eingeliefert, in dem evangelische Diakonissen den sterbenden Dompropst liebevoll pflegten. Ein gnädiger Tod am 5. November 1943 bewahrte ihn vor weiterem Leiden[93] im Konzentrationslager.[94]

[95]

93 dessen Qualen Jürgen Jürgensen ertrug und mit viel Glück überlebte.

94 Vgl. Willi Baumann: DIZ-Nachrichten, 19/1997, Vechta 1997, S. 41 ff.

95 Urheberrecht weltweit.

Hilfe für Genossen In den ersten Jahren der Nazidiktatur hat es verschiedentlich Versuche gegeben, in den Konzentrationslagern verübte Grausamkeiten gerichtlich aufklären zu lassen. Oft waren der Ursprung Strafanzeigen, die mutige Angehörige Getöteter bei der Polizei oder Staatsanwaltschaft erstatteten. Zuweilen stammten sie von Personen die entweder in Ausübung ihres Berufs (Ärzte, Standesbeamte, Rechtsanwälte) oder als zufällige Zeugen Kenntnis von solchen Verbrechen erlangt hatten. Im Frühjahr 1933 stellen wiederholt Vertreter damals noch nicht verbotener demokratischer Parteien entsprechende Forderungen. Schließlich gab es vor allem 1933/34 einzelne Staatsanwälte und Untersuchungsrichter, die bemüht waren, die Ursachen ihnen bekannt gewordener unnatürlicher Todesfälle aufzuklären. In der überwiegenden Mehrzahl blieben diese Bemühungen völlig ergebnislos, weil das NS-Regime fast überwiegend eine systematische und fortgesetzte Politik der Strafvereitelung bzw. der Verhinderung des Vollzugs eventueller Verurteilungen betrieb. Dabei bediente es sich dreierlei Methoden: der Amnestie, der Niederschlagung und der Begnadigung.[96]

Jürgensen klagte über die furchtbare Behandlung von Angehörigen der Linksparteien, der KPD und SPD, in den Konzentrationslagern: Schon ihre Festsetzung konnte, basierend auf der Laune einer kleinstädtischen oder Dorf-Nazigröße erfolgen. Wessen Gesicht jemandem nicht passte, der war reif für das KZ-Lager. Die Angehörigen der bürgerlichen Parteien, die in Schutzhaft[97] gerieten, waren denen der Links-

96 Vgl. Klaus Drobisch, Günther Wieland: System der NS-Konzentrationslager 1933 – 1939, Berlin 1993, S. 217.

97 Angelehnt an das Preußische Gesetz, wurde das Prinzip der Schutzhaft im Nationalsozialismus eingeführt. – Mit der »Verordnung des Reichspräsidenten zum Schutz von Volk und Staat« vom 28. Februar 1933 wurde die Grundlage der Schutzhaft im Deutschen Reich geschaffen. Sie stellte eine Reaktion auf den Reichstagsbrand dar. Die Grundrechte und auch das Recht des Einzelnen auf persönliche Freiheit wurden außer Kraft gesetzt. Für die Geheime Staatspolizei wurde damit eine Möglichkeit der polizeilichen Willkür geschaffen, welche nicht an den Rechtsstaat gebunden war. Gerichtlicher Schutz stand den Inhaftierten nicht zu. Ab dem Frühjahr 1933 waren vor allem Funktionäre der Arbeiterbewegung, Kommunisten und Juden von der Schutzhaft betroffen. Nach der Verhaftung wurden die betroffenen Personen in Gefängnissen und Konzentrationslagern inhaftiert. Die Dauer der Haft war sehr unterschiedlich. Die Nazis inhaftierten die Menschen für wenige Stunden, für Tage oder für mehrere Monate. Seit Herbst 1933 sollte die Vollstreckung der Schutzhaft nur noch in Konzentrationslagern stattfinden. Dazu wurden die Betroffenen zunächst nach ihrer Verhaftung in einem Gefängnis wie dem Polizeigefängnis in der Klapperfeldstraße inhaftiert. Nach dortiger Inhaftierung wurden die Menschen in unterschiedliche Konzentrationslager wie Dachau, Buchenwald und Ravensbrück deportiert. Im Laufe der Zeit wurde die Schutzhaft als fester

parteien gegenüber stark im Vorteil. Der Umstand, dass zahleiche Angehörige der bürgerlichen Parteien Einfluss in Staatsstellungen, im Wirtschaftsleben und in der Partei der Nazis selbst hatten, gab ihnen die Möglichkeit, ihnen zugehörige Schutzhäftlinge gegen die Staatsregierung, ihre Organe und die Gestapo zu verteidigen. Auf diesem Wege konnte wenigstens in den ersten Jahren in vielen Fällen geholfen und eine Entlassung herbeigeführt werden. Ganz anders lagen die Dinge, wenn es sich um Häftlinge handelte, die den früheren Linksparteien angehört hatten. Der einstige Parteiapparat war zerschlagen. Der Einfluss der SPD auf die Verwaltung, besonders in Preußen, war mit dem Verbot der politischen Bestätigung verschwunden. Die früheren Mitglieder waren allgemein jeder auf sich selbst gestellt. Es kam auf den Mut und die Geschicklichkeit der Angehörigen der Inhaftierten an, zunächst einmal an zuständigen Stellen heranzukommen, die über die Entlassung entscheidend bestimmen oder dabei mitwirken konnten. So kam es, dass sich die Haft in peinigender Ungewissheit Jahr um Jahr hinziehen konnte, gar durch die vielfältigen Torturen zum Tode führte, so dass Angehörige die Aschenurne ins Haus geschickt bekamen.

> Die Gestapo führtè die Verhaftung durch. In ihren Büros ging die Vernehmung vor sich, die in vielen Fällen mit der Anwendung schärfster Druck- und Terrormittel und Misshandlungen verbunden war. Von der Vernehmung wurde ein Protokoll angefertigt, das in allen Fällen den Schlussatz enthielt, ich erkläre ausdrücklich, dass ich diese, meine Aussage, frei und nach eigenem Ermessen, der Wahrheit entsprechend, gemacht habe, dass auch nicht versucht wurde, durch irgend ein Druckmittel mich in meinen Aussagen zu beeinflussen. Protokolle dieser Art sind in jedem Falle von den zur Vernehmungen vorgeführten Personen unterschrieben worden, trotzdem in vielen Fällen mancher der Vernommenen nicht mehr in der Lage war, das Vorgelegte überhaupt noch lesen zu können, da er völlig zerschlagen war, zerschlagen ~~von~~ ~~der~~ Behandlung in den Nebenräumen des Vernehmungszimmers. [98]

Bestandteil der NS-Repression auch auf Geistliche, ›Asoziale‹, Sinti und Roma, ›Arbeitsscheue‹, Homosexuelle, Bibelforscher und viele andere angewendet. Nach dem Kriegsbeginn im Jahre 1939 sollte eine Entlassung jener, die in Schutzhaft genommen wurden, bis mindestens Ende des Krieges nicht mehr erfolgen. – Die Haftkosten in den Gefängnissen mussten von den Inhaftierten selbst übernommen werden (https://www.klapperfeld.de/de/ausstellung/das-prinzip-der-schutzhaft, 30. 7. 2020).

98 Jürgensen, 1944, S. 16.

Besonders das Schicksal Ernst Heilmanns, über das Jürgensen als erfahrener Politiker mit reichhaltiger Vernetzung offenbar genau Kenntnisse hatte, veranlasste ihn zu seinen scheinbar tollkühnen Handlungen.

Ernst Heilmann, 1881 – 1940, Sohn eines jüdischen Geschäftsmannes, schloss sich bereits als Gymnasiast der SPD an. Nach seinem Studium der Rechtswissenschaften blieb ihm als Sozialdemokrat der juristische Vorbereitungsdienst verwehrt. 1903 begann Heilmann als Journalist zu arbeiten. 1921 bis 1933[99] stand er an der Spitze der sozialdemokratischen Landtagsfraktion. Heilmann half durch seine mutige Verteidigung der Weimarer Republik mit, die Grundlagen für eine funktionierende parlamentarische Demokratie zu schaffen. Er hatte sich vor allem den Kampf gegen rechts auf seine Fahnen geschrieben. Eine antisemitische Hasskampagne war die Folge. Nach seiner Verhaftung im Juni 1933 begann für Heilmann der Leidensweg durch die Konzentrationslager des „Dritten Reiches".[100]

Im Emslandlager musste sich Heilmann bei seinem Eintreffen als Landesverräter, Volksverführer, Obergauner darstellen, der Arbeitergroschen verprasst habe. Er wurde neben dem ehemaligen preußischen Wohlfahrtsminister Heinrich Hirtsiefer vor allem durch den SS-Mann Peter Kern misshandelt, zur Einführung von einer Schubkarre in die Abfallgrube gekippt. – Durch Misshandlungen und Erniedrigungen bald physisch und psychisch völlig gebrochen, hatte er Anfang 1934 weitere Bestialitäten im Börgermoor zu erdulden: Man holte Heilmann, der einen sehr zerrütteten Eindruck machte, aus der Baracke 1, die als Lazarett diente und jagte ihn wie einen Hund zur Hundehütte. Dort wurde er an die Kette gelegt. Ein SA-Mann stellte sich mit schussbereitem Gewehr vor ihm auf und fragte höhnisch: „Heilmann, wie macht die II. Internationale?" Heilmann bellte wie ein Hund. Der SA-Mann, der mit seiner schussbe-

99 im selben Zeitraum wie Jürgen Jürgensen, und dieser war seit 1923 Geschäftsführer der SPD-Fraktion.

100 Helga Grebing: Ernst Heilmann, Arbeiterbewegung in Berlin, Berlin 2012, S. 61.

reiten Knarre noch immer vor dem Gefangenen an der Kette stand, sagte triumphierend: „Seht, was für eine feige Kreatur!" Heilmann wurde dann als Hund an der Kette über den ganzen Platz geführt und kam wieder ins Lazarett. – Man nötigte jüdische Häftlinge, sich gegenseitig zu schlagen, mit bunten Mützen auf den Köpfen nackt herumzuspringen und anderen Häftlingen den bloßen Hintern zu küssen, Speichel aufzulecken und was dergleichen Unbeschreibliches mehr perversen Schindern einfiel.[101]

Am 3. April 1940 ermordete der berüchtigte „Henker von Buchenwald", Martin Sommer, Ernst Heilmann im Bunker des Lagers mit einer Giftspritze. Fast sieben Jahre lang hatte sich Ernst Heilmann in den Händen von Gestapo und SS befunden, das Martyrium des Berliner Columbia-Hauses und der Konzentrationslager durchlitten. [102]

101 Drobisch, Wieland, Berlin 1993, S. 123.

102 Stephan Pfalzer, Stadtarchiv Chemnitz, 1/2015, S. 13.

 [103]

Ernst Heilmann 1933

103 Repro Green, Siegfried Heimann, Ernst Heilmann, Berlin 2010.

Im Konzentrationslager Oranienburg[104]

Von rechts:

Ernst Heilmann,

Friedrich Ebert jun., Politiker, SPD, SED, 1948 – 1967 OBB von Ost- Berlin,

Alfred Braun, Pionier des deutschen Rundfunks, NS-Vorwurf: „Verjudung“ des Rundfunks,

Heinrich Giesecke, Min. Rat a. D., Direktor der Reichs-Rundfunk-Gesellschaft,

Hans Flesch, Pionier des deutschen Rundfunks, war Autor und Regisseur des ersten deutschen Hörspiels Zauberei auf dem Sender, ausgestrahlt am 24. Oktober 1924,

Kurt Magnus, Rundfunkpionier und Verwaltungsjurist, Kurt-Magnus-Preis.

---

104 BA, Bild 183-R96360/CC-BY-SA-3.0. Ausschnitt

Nach mehreren Jahren im Konzentrationslager[105]

105 BA, BildY 12-441-5356

(Die nachfolgend verwendeten Kopien von Textstücken sind Bestandteil der gesamten Darstellung Jürgensens, „Die Schutzhaft allgemein“, S. 76 – 83, und wurden an dieser Stelle herangezogen, um die Situation ihres Verfassers in seinen Bemühungen deutlich zu dokumentieren.)

Wenn Jürgensen selbst einen Weg suchte, den Genossen in den Konzentrationslagern zu helfen, ermutigte ihn offenbar das Beispiel des höheren Verwaltungsbeamten Ernst von Harnack, der als Regierungspräsident in Merseburg im mitteldeutschen Gebiet gewirkt hatte. Durch Abstammung und Verwandtschaft, als Offizier des ersten Weltkriegs und ausgestattet mit ganz besonders verbindlichen Verhandlungseigenschaften, seien in seiner Person alle Voraussetzungen verkörpert gewesen, für die Freunde in der Schutzhaft tätig zu sein. Er habe die Angehörigen der Häftlinge beraten und in zahlreichen Fällen Hilfe gebracht. Zu seinen eigenen Versuchen berichtet Jürgensen:

„Von den Parlamentariern der SPD verblieb ich in Berlin als der frühere Geschäftsführer der SPD-Fraktion im Preußischen Landtag, der 1933 nicht in Schutzhaft genommen wurde, vielleicht weil ich 1932 in einer Schlacht zwischen den Nationalsozialisten und Kommunisten im Sitzungssaal des Landtages eine schwere Kopfverletzung davontrug. Durch eine elfjährige Tätigkeit auf diesem Posten hatte ich zu den Ministerien die besten Beziehungen und stand bei der Bürokratie in gutem Ansehen. Es war daher für mich nicht schwer, Zutritt zu den Ministerien der Gestapo zu erlangen.

In zahlreichen mündlichen Besprechungen im Preußischen Staatsministerium, Ministerium des Inneren für Preußen und das Reich, Oberpräsidium für Berlin und Brandenburg und zahlreichen anderen Behörden wurde die Schutzhaftfrage zur Sprache gebracht und darauf schriftliche Eingaben nachgereicht. Außerdem kam es zu Besprechungen mit führenden Männern der NSDAP, Reichsminister Kerrl und Oberpräsident Kube, während Ministerpräsident

Göring sich dem entzog. Dafür wurde ihm das Material schriftlich unterbreitet. Die Eingaben hatten folgenden Wortlaut:

Sehr geehrter Herr Ministerpräsident!
Als früherer Geschäftsführer der Fraktion dersozialdemokratischen Partei im Preussischen Landtage habe ich natürlich an dem Schicksal meiner früheren politischen Freunde in der Schutzhaft regen Anteil genommen, zumal in vielen Fällen rein menschliche Gefühle echter Kameradschaft und treuer Freundschaft mitsprachen. Von diesen Gefühlen diktiert, bitte ich, meine Bemühungen und wiederholten Versuche aufzufassen, bei den zuständigen Stellen eine Aufhebung der Schutzhaft gegen frühere Mitglieder und Funktionäre der Sozialdemokratischen Partei zu erreichen.

Wer wie ich an dem Schicksal der Freunde schwer mitgetragen hat, wird um so leichter geneigt sein, die in den letzten Tagen erfolgten zahlreichen Entlassungen zu begrüssen und dankbar anzuerkennen. Immerhin ist noch eine grosse Anzahl von Personen in der Schutzhaft verblieben, deren Freilassung wohl ebensowenig den Bestand des neuen Staates gefährden oder beeinträchtigen würde, wie die der bereits Entlassenen.

Ich bitte um einen kurzen Empfang, um mir so Gelegenheit zu geben, Ihnen, Herr Ministerpräsident, die Gründe vortragen zu können, die für die Entlassung auch der erwähnten Personen aus der Schutzhaft sprechen. Im Hinblick auf die Nähe des Weihnachtsfestes und dessen Bedeutung in den Familien bitte ich um Berücksichtigung meiner Wünsche.

Mit vorzüglicher Hochachtung
gez. Jürgen Jürgensen.

Sehr geehrter Herr Ministerpräsident!

Zum Schreiben vom 15. Dezember 1933 wegen Gewährung eines Empfanges erlaube ich mir, folgendes nachzutragen in dem Bestreben, für die in Aussicht genommene Besprechung eine Verhandlungsgrundlage zu geben und einer beschleunigten Abwicklung zu dienen.
Der zu behandelnde Fragenkomplex lässt sich in vier Gebiete aufteilen und zwar:

1. Die Schutzhaft,
2. Die sogenannte innerdeutsche Emigration,
3. Die Meldungen zum Zwecke der polizeilichen Kontrolle
4. Berufsstörungen durch periodische Festnahmen.

Zu 1) Anlage 1 enthält die Namen der mir bekannten Schutzhäftlinge, die früher der SPD angehörten. Da für einwandfreie vollständige Feststellungen alle Voraussetzungen fehlen, muss angenommen werden, dass die Zahl der SPD-Schutzhäftlinge ganz erheblich grösser ist. Es sitzen also immer noch eine grosse Anzahl früherer SPD-Mitglieder in Schutzhaft. Verstösse gegen Gesetze des neuen Staates können kaum vorliegen, da ihre Festnahme in den meisten Fällen bereits vor Erlass dieser Gesetze vorgenommen wurde. Strafbare Handlungen liegen ebenfalls nicht vor, da sonst sicher eine Aburteilung längst erfolgt wäre. Da auch in Zukunfteine politische Betätigung oder Verstösse gegen gesetzliche Bestimmungen kaum zu erwarten sind, dürfte die Freilassung dieser Schutzhäftlinge ohne Gefahr für den Bestand des Staates möglich sein. Ich bitte daher, die Freilassung der Schutzhäftlinge veranlassen zu wollen.

zu 2): In Deutschland irren noch Menschen umher, die fern von ihrem Wohnort und ihren Familien sich monatelang dem Zugriff der Polizei entzogen haben, weil sie befürchteten, in ein Konzentrationslager gebracht zu werden. Trotzdem Vorwürfe strafrechtlicher Art oder Gesetzesverletzungen in keinem Fall vorliegen, genügt für die örtlichen Stellen die frühere Mitgliedschaft zur SPD, die Verfolgung nicht einzustellen.
Es darf wohl die bescheidene Erwartung ausgesprochen werden, dass auch diese Verfolgungen eingestellt werden, damit die Familien ihre Ernährer wieder bekommen. (Anl. 2 enthält einige Beispiele).

zu 3): In vielen Orten müssen sich auch jetzt noch zahlreiche Personen, und zwar in erster Linie frühere SPD-Angehörige, zur polizeilichen Kontrolle melden. Die Kontrolle wird ganz verschieden durchgeführt, von einer einmaligen wöchentlichen Meldung an bis zu einer zweimal täglichen. Da die zu kontrollierenden Personen den örtlichen Polizeibehörden und ihren Organen persönlich genau bekannt sind,dürfte auch ohne diese Meldungen auszukommen sein. Der Umstand, dass die übergrosse Mehrzahl der Fälle sich schon monatelang hinzieht, ohne dass auch nur versucht wurde, die Kontrolle zu umgehen oder zu durchbrechen, dürfte zweifellos die Aufhebungdieser Anordnung erleichtern. Jedenfalls hat sich gezeigt, dass bei allen von der Kontrolle Betroffenen der gute Wille vorhanden ist. Es darf

darf ferner nicht verkannt werden, dass für Berufstätige starke Berufsstörungen durch die Kontrolle herbeigeführt werden. Ich bitte in Anerkennung dieser Tatsachen, die polizeilichen Anordnungen zu Meldungen zum Zwecke der Kontrolle generell aufzuheben. (Anl. 3 bringt einige Beispiele aus verschiedenen Orten über die Durchführung der Meldepflicht).

Zu 4): Einigen früheren SPD-Angehörigen ist es gelungen, in einem Privatberuf unterzukommen, wo sie ihre Pflicht tun. Die Durchführung der übernommenen Verpflichtungen wird oft gestört durch periodische Festnahmen von seiten der Polizei. Die Festnahmen und Vernehmungen in Verbindung mit der dann oft verhängten polizeilichen Kontrolle müssen dem Arbeitgeber die Aufrechterhaltung des Arbeitsverhältnisses untunlich erscheinen lassen, da ihm nicht zugemutet werden kann, Ersatzkräfte zu beschaffen. Ich bitte daher,bei der Durchführung dieser polizeilichen Massnahmen auf bestehende Arbeits- und Dienstverhältnisse Rücksicht zu nehmen

Mit vorzüglicher Hochachtung
gez. Jürgen Jürgensen.

Eingaben ähnlicher Art sind während der ersten Jahre des Bestehens des dritten Reiches wiederholt gemacht worden. Auch wurde in vielen Fällen mündlich im gleichen Sinne verhandelt. Das Ergebnis blieb aber immer dasselbe, die Gestapo hatte das letzte Wort, und sie lehnte es ab, grundlegende Änderungen in der Schutzhaft durchzuführen."[106] - Am 12. Oktober 1935, 6:30 Uhr, wurde Jürgensen in Berlin durch die Gestapo verhaftet und auf der Grundlage eines Schreibens des Ministerpräsidenten Göring, wie er an dem Briefkopf erkennen konnte, zu dem Vorwurf vernommen, er habe im Ausland erfundene Gräuelmärchen weiterverbreitet, um dadurch das Ansehen der Regierung zu untergraben und in der Öffentlichkeit herabzusetzen:[107]

106 Jürgensen 1944, S. 18 ff.

107 Ebd.

Es handelte sich um folgendes: Durch entlassene Schutzhäftlinge hatte ich einwandfreie Unterlagen über die Behandlung der Schutzhäftlinge aus dem KZ-Lager Esterwegen, dicht an der holländischen Grenze, besonders auch über die Anwendung der Prügelstrafe. Hier waren Häftlinge auf Anordnung des Lagerkommandanten auf einem hierfür besonders konstruierten Bock geschnallt und vor versammelter Mannschaft, d.h. vor der Belegschaft des Häftlingslagers und der Wachmannschaften aus dem SS-Lager mit 25-75 Stockschlägen misshandelt worden. Dabei bestand der Stock aus einem mit Blei gefüllten Ochsenziemer u. Stahl, der von SS-Männern, die sich für diese Arbeit freiwillig meldeten, geführt wurde.

Am 7. Oktober 1935 trug ich dem Oberpräsidenten und Gauleiter der NSDAP. für Brandenburg, Wilhelm Kube, diese Vorgänge in seinem Amtszimmer im Oberpräsidium vor. Ich versuchte Herrn Kube klarzumachen, dass die NSDAP. bei der Totalität ihrer Machtfülle solcher Mittel nicht bedürfe, dass sie sich durchaus mit den Strafbestimmungen, wie sie bei der Polizei und bei der Strafvollstreckung in der Justiz üblich seien, begnügen könne.

Ich habe diese Vorgänge als eine Schande für Deutschland bezeichnet und O.P. Kube gebeten, alles daranzusetzen, diese ungeheuren Misstände so schnell wie möglich abzustellen. Kube ist sehr erregt von seinem Sitzplatz aufgesprungen, im Zimmer auf und ab gegangen und dann auf mich zugekommen. Er hat mir die Hand entgegen gestreckt und erklärt: " Sie haben ganz recht, die Partei bedarf dieser Mittel sicher nicht. Ich bin stets und werde auch in Zukunft gegen Entgleisungen und Missbräuche dieser Art entschieden auftreten. Ich kenne Sie persönlich zu genau, um nicht zu wissen, dass Sie niemals ohne zuverlässige Unterlagen derartige Vorwürfe und Unterstellungen machen würden. Ich werde in einigen Tagen, wo ich doch mit dem Führer und auch mit Herrn Ministerpräsidenten Göring zusammenkomme, diese Vorgänge zur Sprache bringen, um auf diesem Wege Abhilfe zu schaffen." Mir sicherte er Vertraulichkeit zu.

Die Quellen, aus denen Jürgensen 1935 ein derartiges Vertrauen zu Wilhelm Kube schöpfte, sind nicht bekannt. Zwar studierte dieser nach dem Besuch des Gymnasiums zum Grauen Kloster in Berlin 1899 – 1908 Geschichte, Staatswissenschaften und Theologie, erhielt von der Berliner Universität 1911 ein Moses-Mendelssohn-Stipendium, gab aber 1911 – 1914 als Vorsitzender des antisemitischen Deutschvölkischen Studentenverbandes die Deutschvölkischen Hochschulblätter heraus, trat früh in die NSDAP ein, Mitglieds-Nr. 71682, SS-Mitglieds-Nr. 114771, war später u. a. am 27. Januar 1928 auf einer Veranstaltung in Berlin zu hören, über die die New York Times am Folgetag schockiert berichtete (Auszug):

„... als Herr Kube hinzufügte: ‚Gilbert, ein junger Mann von 32 Jahren, ist seit heute der deutsche Kaiser. Es ist nicht weniger als angebracht, ihm als gehorsame Untertanen unsere Ehre zu erweisen. Rein persönlich ist er uns egal, wir haben nichts gegen ihn.'

Er hielt eine Ausgabe von Mr. Gilberts letztem Bericht hoch, den er die ‚Dawes-Bibel'[108] nannte und empfahl, das Buch jedem Schulabgänger in die Hände zu drücken: Es sei ein sicheres Mittel, einen Aufstand der gesamten Nation gegen Deutschlands augenblickliche Versklavung vom Zaun zu reißen. Der Rest seiner Rede war wilde Agitation und eine Tirade gegen die Partei von General von Ludendorff.

Herr Kube und Dr. Goebbels, der nach ihm sprach, zogen über alles und jeden her, wobei sie sich einer Sprache bedienten, die alles andere als parlamentarisch war. Seine Tiraden richteten sich grundsätzlich gegen Juden, aber Herr Kube griff auch die Sozialisten, Kommunisten und sogar die bürgerlichen Parteien auf unangemessene Weise an. Der Redner nannte Erzberger, Rathenau, Ebert und andere wichtige verstorbene Politiker Verräter, Gauner und Werkzeuge ausländischen Großkapitals und gab an, man hätte die Abgeordneten

108 Der Dawes-Plan von 1924 regelte die Reparationszahlungen Deutschlands an die Siegermächte, u. a. wurde eine Anleihe aufgelegt.

Scheidemann und Dittmann sowie mehrere sozialistische und kommunistische Redakteure längst aufhängen sollen."

Vor allem war er an der „Machtergreifung" 1933 eindeutig beteiligt. – Später als Generalkommissar für den Generalbezirk Weißruthenien in Minsk äußerte er zwar, das Vorgehen der SS gegen Juden sei „eines deutschen Menschen und eines Deutschlands Kants und Goethes unwürdig" und versuchte Schutzmaßnahmen für deutsche Juden, indem er sie Arbeitseinsätzen zuführte, konnte sich aber gegen die Brutalität des SD, der SS und Polizeibeamter nicht durchsetzen. Er fiel am 22. September 1943 dem Attentat einer Partisanin zum Opfer.[109]

Das Hilfeersuchen an Göring, so tollkühn es erscheint, könnte sich erklären lassen: Wahrscheinlich war Jürgensen der Kleinkrieg des preußischen Ministerpräsidenten gegen die expandierenden Machtbefugnisse Himmlers, des Reichsführers SS, bekannt. Dazu kam die Einflussnahme Franz Gürtners, des Reichsjustizministers, dem zugleich das preußische Justizressort übertragen worden war. Er hatte zwar wenig Hemmungen, sich die Repressionspolitik der Nationalsozialisten zu eigen zu machen, drängte aber auf die Einhaltung gesetzlicher „Mindestanforderungen": Am 16. November 1934 eröffnete die große Strafkammer des Landgerichts Osnabrück die Hauptverhandlung gegen den SS-Sturmbannführer und ehemaligen Konzentrationslager-Kommandanten Heinrich Remmert. Der Tatvorwurf der Staatsanwaltschaft gegen ihn und einen Mitangeklagten lautete Körperverletzung im Amt. Die beiden Angeklagten hatten im Konzentrationslager Esterwegen im Sommer 1934 einen Schutzhäftling massiv körperlich misshandelt. Das Opfer saß als Nebenkläger im Saal, und mehrere Häftlinge warteten, um als Zeugen auszusagen. Am Ende des Verhandlungstages verkündeten die Richter das Urteil. Sie sahen die Misshandlungen als erwiesen an und verurteilten Remmert zu drei, den Mitangeklagten zu fünf Monaten Gefängnis.[110]

---

109 www.tenhumbergreinhard.de/1933-1945-taeter-und.../1933.../kube-wilhelm.html

110 Sebastian Weitkamp: Ein Rückzugsgefecht des Rechtsstaates 1934, der Prozess gegen SS-Sturmbannführer Heinrich Remmert wegen Häftlingsmisshandlungen im KZ Esterwegen, in: Vierteljahreshefte für Zeitgeschichte, Berlin 2018, S. 43 ff.

Aus Sorge wegen zu erwartender Widerstände der SS war während der Ermittlungen durch die entsprechenden Stellen verfügt worden, dass bei Schwierigkeiten alle staatlichen Zwangsmittel eingesetzt werden müssten, um der Anordnung des Herrn Ministerpräsidenten Geltung zu verschaffen, das Verfahren werde auf ausdrücklichen Befehl Görings durchgeführt, ein evtl. Rückzug des Justizministeriums komme nicht in Frage.[111]

> Betrachtet man die Vorgänge während der kurzen Dauer meiner Haft im Gefängnis der Gestapo zusammengefasst, so findet man über die Knallerei auf dem Gefängnishof, die Ehrenhäftlinge und die Misshandlungen ein zusammenhängendes System, ausgedacht zu dem Zweck, die Nerven der Gefangenen zu zermürben, um sie zu jeder Aussage bereit zu machen, die man brauchte. Wenn das schon in der Zentrale geschehen konnte, wie mag es dann erst in den abgelegenen Dienststellen der Gestapo hergegangen sein? Braucht man sich da noch über die Vorgänge in den KZ-Lägern zu wundern?

Der Optimismus Jürgen Jürgensens wurde also enttäuscht: „Scheinbar (sic: anscheinend) ist die Unterredung zwischen Kube, Hitler und Göring so verlaufen, dass Kube meinen Namen nennen musste. Ministerpräsident Göring hat dann der Gestapo von dieser Unterredung Mitteilung gemacht", und die Einweisung Jürgensens in das Konzentrationslager nahm nach einem umfangreichen Verhör mit erheblicher körperlicher Einwirkung durch die Gestapo ihren Verlauf.[112]

---

111 Erstmals hat jetzt der Historiker Weitkamp die Akten zu diesem Verfahren ausgewertet, deren Existenz seit der Zusammenführung der ehemals zwischen der alten Bundesrepublik und der DDR getrennten Bestände der preußischen Verwaltung bekannt war, die aber niemand angeschaut hatte. Schon seit Langem war bekannt, dass es 1933 bis Anfang 1936 vereinzelt Versuche der Justiz gab, die Misshandlungen von KZ-Insassen juristisch zu ahnden. In Bayern allerding blockten Heinrich Himmler und der Kommandant des KZs Dachau, Theodor Eicke, alle Versuche erfolgreich ab. In Stettin hingegen verurteilte das Landgericht den SS-Mann Joachim Hoffmann am 6. April 1934 wegen Mordes an einem KZ-Häftling zu 13 Jahren Zuchthaus; die Angelegenheit wurde auf „nationalsozialistische Weise" gelöst: Hoffmann wurde im Zuge des sog. Röhm-Putsches kurzerhand aus dem Gefängnis geholt und erschossen (WELT, 19. 1. 2018).

112 Jürgensen, 1944, S. 31.

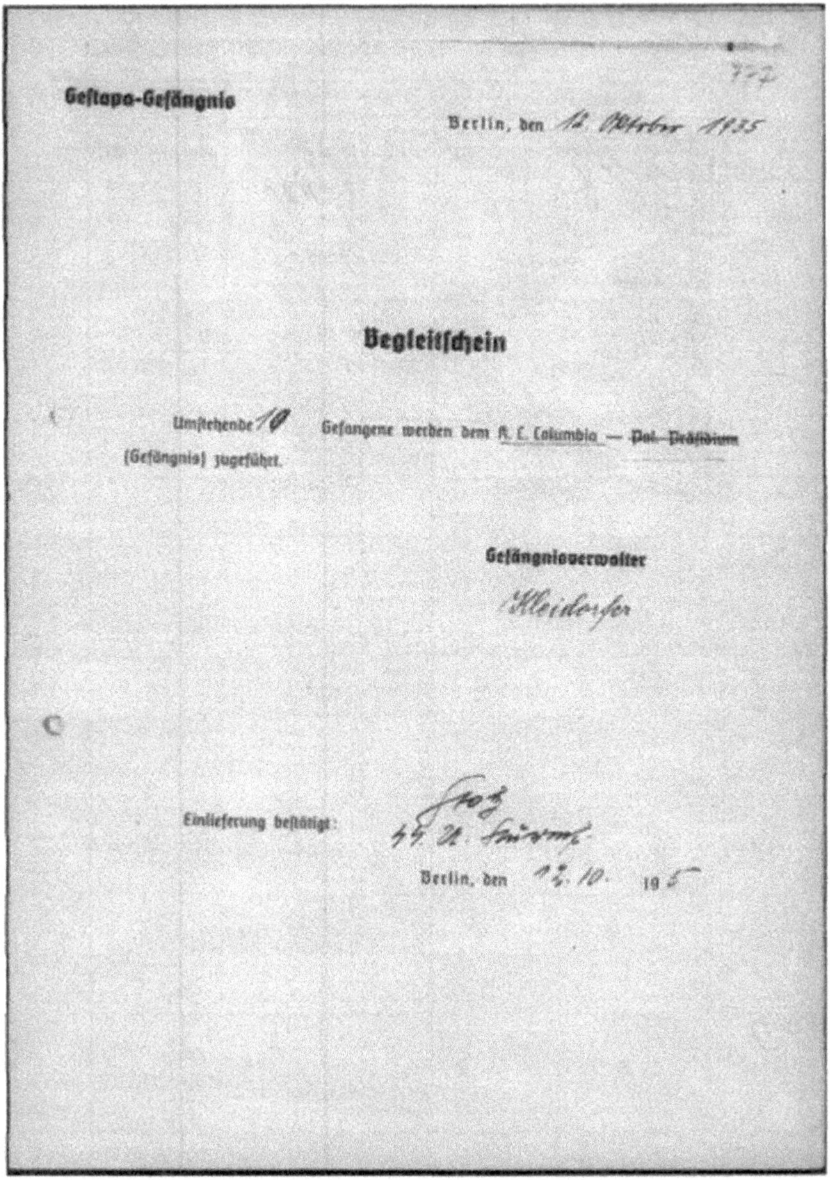
Gestapo-Gefängnis

Berlin, den 12. Oktober 1935

Begleitschein

Umstehende 10 Gefangene werden dem K. L. Columbia — ~~Pol.-Präsidium~~ (Gefängnis) zugeführt.

Gefängnisverwalter

Einlieferung bestätigt: SS-U.-Sturmf.

Berlin, den 12.10. 1935

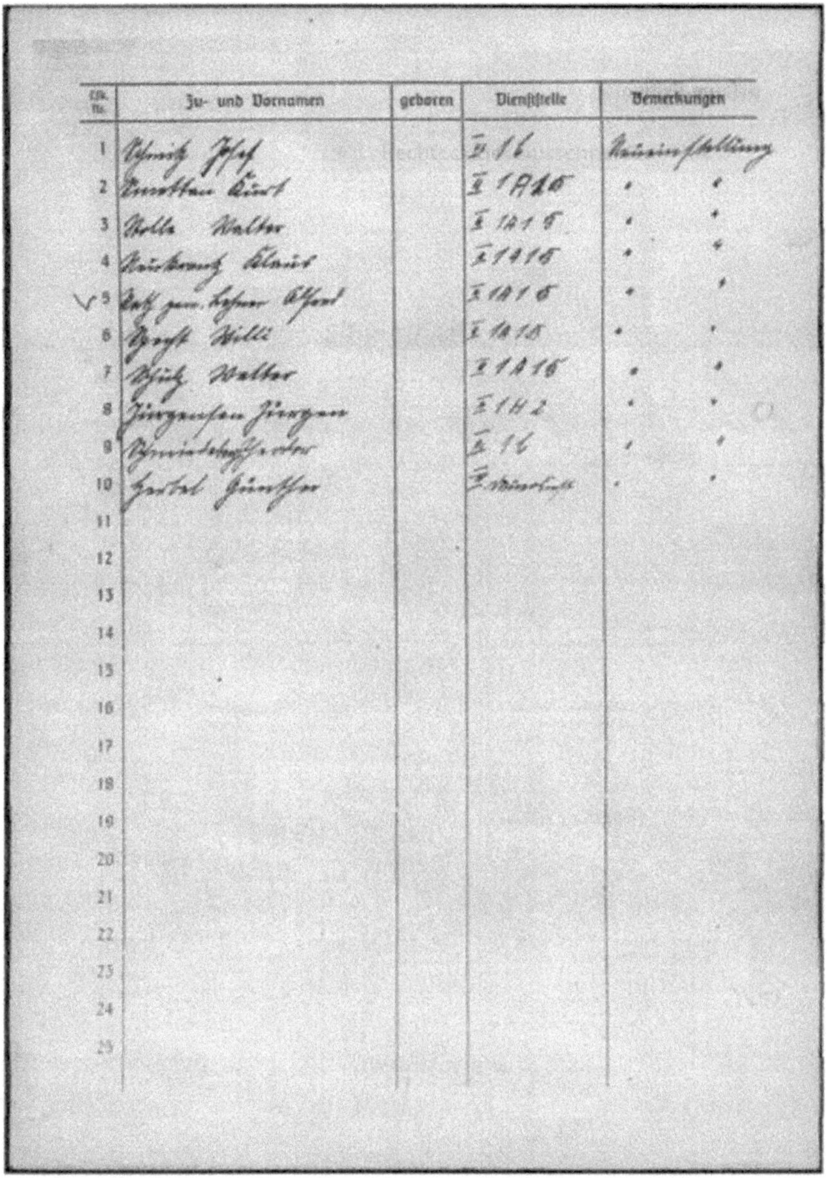

Lfd. Nr.	Zu- und Vornamen	geboren	Dienststelle	Bemerkungen
1	[illegible] Josef		II 16	Neueinstellung
2	[illegible] Kurt		I 1 A 16	" "
3	[illegible] Walter		I 1 A 1 6	" "
4	[illegible] Klaus		I 1 A 1 6	" "
5	[illegible] Alfred		I 1 A 1 6	" "
6	[illegible] Willi		I 1 A 1 6	" "
7	[illegible] Walter		I 1 A 1 6	" "
8	Jürgensen Jürgen		I 1 H 2	" "
9	[illegible]		I 16	" "
10	[illegible] Günther		II [illegible]	" "
11				
12				
13				
14				
15				
16				
17				
18				
19				
20				
21				
22				
23				
24				
25				

1.2.2.4/12150029, IST Archive

Jürgensen berichtet in seinen Aufzeichnungen, er habe versucht über polnische Diplomaten Material über die Zustände in den Konzentrationslagern ins Ausland zu bringen.[113] Er habe unter dem Deckmantel eines Versicherungsvertreters den Kontakt zu einem Parlamentarier der polnischen Minderheit im Preußischen Landtag aufgenommen: Graf von Baczewski oblag die Aufteilung des Gutes Rangsdorf bei Berlin an Neusiedler.

Die Gründe für diesen Weg sind nicht erkennbar. Möglicherweise hat er in irgendeiner Form Kenntnis von Berichten polnischer Diplomaten über die Zustände in Deutschland an heimische Dienststellen gehabt:

Der polnische Konsul Aleksy Wdziękoński informiert 1934 die polnische Gesandschaft in Berlin, er habe durch den Jüdischen Verein in Dortmund von Anordnungen des dortigen Polizeipräsidenten erfahren, es seien Treibjagden auf jüdische Bürger durchzuführen, und eine größere Anzahl polnischer Staatsbürger sei festgenommen worden. – Mieczyslaw Marchlewski, Generalkonsul, informiert sein Außenministerium: „Murren und Schimpfen auf die Regierung trifft man in jedem Land an. Da ich mit Vertretern aller Schichten der Bevölkerung in Berührung komme, kann ich sagen, dass ich keine derartige Spannung beobachte, die auf einen baldigen gewaltsamen Umsturz schließen ließe." – Waclaw Gawroński, Generalkonsul, 1933 an sein Außenministerium: „Schon allein die Machtübernahme der Regierung Hitler am 30. Januar rief große Unruhe unter den Juden mit polnischer Staatsangehörigkeit in Berlin und in der Provinz hervor." – Generalkonsul Adam Lisiewicz berichtet seinem Außenministerium, die Verfolgung polnischer Staatsbürger (Juden) in seinem Gebiet höre nicht auf (ab 5. März 1930 Festnahmen, 35 Fälle von Prügel sowie 20 Ausweisungen ganzer Familien). Trotz vielfacher Mahnungen und persönlicher Intervention bei höchsten Stellen sei das Konsulat nicht darüber unterrichtet worden, weshalb man die Genannten festgenommen habe.[114]

113 Jürgensen, 1944, S. 105 f.

114 Frank Bajohr, Christoph Strupp, Hrsg.: Fremde Blicke auf das „Dritte Reich", Berichte ausländischer Diplomaten über Herrschaft und Gesellschaft in Deutschland 1933 – 1945, Göttingen 2011, S. 384 ff.

Jürgensens Versuch, den Grafen für sich zu gewinnen, lief offenbar völlig schief. Im Gestapoverhör wurde ihm vorgeworfen, er habe den Polen mit falschen Informationen über die furchtbare Behandlung von KZ-Häftlingen informiert mit der Bitte, diese ins Ausland weiterzugeben. Jürgensen verteidigte sich mit der Einlassung, es sei nicht der polnische Graf von Baczewski gewesen, mit dem er gesprochen habe, sondern ein einfacher Bürger gleichen Namens. Die Gestapo ging aber davon aus, informiert worden sei der Parlamentarier, er habe Material erhalten, diese sofort zurückgewiesen und im Verhör sein Erstaunen zum Ausdruck gebracht, dass ein Deutscher, ehemals Mitglied des preußischen Parlaments und sozialdemokratischer Funktionär, mit einem derartigen an Landesverrat grenzenden Ansinnen an ihn hat herantreten können (siehe nachfolgendes Dokument!).

26)

St.S.Nr. [illegible]/35

Geheimes Staatspolizeiamt

42026/35 II 1 H 2 (1516/35)

Berlin SW 11, den 17. Dezember 1935.
Prinz-Albrecht-Straße 8

An

den Herrn Staatssekretär und Chef der Reichskanzlei

Berlin W.8,
Wilhelmstraße 78.

Betr.: Den ehemaligen sozialdemokratischen preußischen Landtagsabgeordneten Jürgen J ü r g e n s e n .

Vorgang: Dortiges Schreiben vom 26. November 1935 - St.S. Nr.3883/35. -

Der ehemalige sozialdemokratische preußische Landtagsabgeordnete Jürgen Jürgensen, am 24. Juli 1883 in Langholz, Kreis Eckernförde geboren, wohnhaft in Berlin-Tempelhof, Braunschweiger Ring 59, wurde am 12. Oktober 1935 in Schutzhaft genommen, weil er das Gerücht verbreitet hatte, daß an den Schutzhäftlingen in den Konzentrationslagern die rohesten Prügelstrafen durch die SS-Wachmannschaft vollzogen würden. Jürgensen hat angegeben, diese Mitteilungen von ehemaligen S.P.D.-Genossen, die heute nicht mehr in Deutschland seien, erhalten zu haben. Er hat somit die in ähnlicher Form von Emigranten erfundenen Greuelmärchen in Deutschland zu dem Zwecke weiter verbreitet, eine der Regierung abträgliche Stimmung zu erzeugen.

Jürgensen hat seit dem Jahre 1933 fortgesetzt derartige Gerüchte an verschiedenen Stellen verbreitet. So ist er auch Ende August 1935 bei dem Herrn Oberpräsidenten Kube vorstellig geworden und hat ihm mitgeteilt, daß in den Konzentrationslagern nach wie vor die Prügelstrafe in

JPO 960

der rohesten Form zur Anwendung gebracht werde. Mit Bezug auf das Konzentrationslager Esterwegen hat Jürgensen u.a.folgendes behauptet:

> „Kommen neue Häftlinge in dieses Lager, so haben sie sich im offenen Karree aufzustellen. Dann wird ein bereits im Lager befindlicher Häftling, der aus irgendeinem Grund bestraft werden soll, über einen Bock gespannt und verprügelt. Der Verprügelte muß jeden Schlag mitzählen. Ein gewisser E i c k e von der Geheimen Staatspolizei in Berlin soll die Strafbefehle, die schriftlich gegeben werden, unterzeichnen."

Jürgensen gibt zu, daß er die gleichen Mitteilungen auch anderen höheren amtlichen Stellen gemacht habe. Angeblich habe er damit nur den Zweck verfolgt, seinen früheren etwa noch in Schutzhaft befindlichen Gesinnungsgenossen, wie dem ehemaligen sozialdemokratischen Fraktionsvorsitzenden Ernst Heilmann, Erleichterungen zu verschaffen.

Daß es Jürgensen aber in erster Linie darum zu tun war, durch die Verbreitung derartiger Gerüchte die Einrichtungen des Staates und der Partei herabzusetzen und auch im Ausland zu verunglimpfen, beweist folgender Fall:

Anfang August 1935 hat Jürgensen den in Rangsdorf wohnenden ehemaligen preußischen Landtagsabgeordneten der polnischen Minderheit B a c z e w s k i aufgesucht, um ihm authentisches Material über ein Konzentrationslager unter Beifügung von Lichtbildern sowie anderes Material, das gegen die deutsche Regierung verwertet werden könne, angeboten zur Weiterleitung an die polnische Botschaft und fragte hierbei, ob Baczewski überhaupt die Möglichkeit habe, derartiges Material außerhalb der Grenzen zu verwerten. Baczewski hat das Angebot

JFD 961

- 3 -

des Jürgensen sofort abgelehnt und gelegentlich seiner Vernehmung sein Erstaunen zum Ausdruck gebracht, daß ein Deutscher, ehemals Mitglied des preußischen Parlamente und sozialdemokratischer Funktionar mit einem derartigen, an Landesverrat grenzenden Ansinnen an ihn hat herantreten können.

Jürgensen befindet sich zur Zeit im Konzentrationslager Esterwegen, seine Entlassung kann einstweilen nicht erfolgen.

In Vertretung:
gez. Dr. Best.

Beglaubigt:
Kanzleiangestellte.

Lt.

Archive Dachau

Jürgensen verblieb in Haft.[115]

115 Ulla Jürgensen (wie S. 2) berichtet, Best habe gedroht, gegen die Familie Jürgensens gewaltsam vorzugehen.

Zu Werner Best 1903 in Darmstadt geboren, wird Best 1927 nach dem Studium der Rechtswissenschaften promoviert. Sein Aufsatz „Internationale Politik der Nationalisten" macht ihn innerhalb der nationalsozialistischen Intelligenz bekannt. Er lehnt jegliche absolut-transzendentale Ethik ab und rückt die notfalls kriegerische Realisierung „völkischer" Interessen in den Mittelpunkt seines Denkens. – 1935 wird Best stellvertretender Leiter des Preußischen Geheimen Staatspolizeiamtes und wirkt maßgeblich an der organisatorischen und legitimatorischen Expansion der Gestapo mit. Er erarbeitet mit die Definition, die Gestapo habe vor allem den Auftrag der „präventivpolizeilichen" Aufspürung, Überwachung und Unschädlichmachung von Staatsfeinden. Für diese Aufgabe müsse sie in der Lage sein, „unabhängig von jeder Bindung jedes zur Erreichung des notwendigen Zweckes geeignete Mittel anzuwenden, ohne dass es einer besonderen gesetzlichen Normierung bedarf". [116]

Jürgensen gerät also 1935 in den Einflussbereich eines überzeugten, absolut skrupellosen Nationalsozialisten. „Für einen Feind, der sein Land wegen brutaler Anwendung der Prügelstrafe in den Konzentrationslagern verleumdet", ordnet Best das Verbleiben im KZ an.

Als Stellvertreter Heydrichs lenkt Best die Einsatzgruppen, die unmittelbar nach dem deutschen Überfall auf Polen mit der Ermordung der polnischen Führungsschicht beginnen. 1940 erhält seine in Frankreich erstellte „Erste Judenverordnung" Vorbildcharakter für ähnliche Maßnahmen in Deutschland und dem besetzten Europa. In Frankreich initiiert er die „Endlösung". Als Reichsbevollmächtigter im besetzten Dänemark versucht er 1942, ein „Musterprotektorat" zu etablieren und muss dafür die Forderungen von Wehrmacht und NSDAP unterlaufen. Die „Lösung der Judenfrage" in Dänemark wird nach einer Information durch den deutschen Botschafter Georg von Duckwitz in einer beispiellosen Aktion durch das dänische

116 Ulrich Herbert: Best, Biographische Studien über Radikalismus, Weltanschauung und Vernunft 1903 – 1989, Bonn 2011, S. 163.

Volk verhindert. – Nach Kriegsende verurteilt das Stadtgericht Kopenhagen Best zum Tode, das Urteil wird in 12 Jahre Haft umgewandelt. 1951 wird er durch bundesdeutsche Intervention begnadigt und ausgeliefert. In Essen lenkt er die Kampagne zur Generalamnestie von NS-Tätern. 1972 erhebt die Staatsanwaltschaft beim Kammergericht in Berlin Anklage wegen Mordes an 8723 Polen, doch nach einem halben Jahr stellt das Gericht das Verfahren wegen Verhandlungsunfähigkeit Bests ein. Er stirbt am 23. Juni 1989, am 5. Juli stellt die Staatsanwaltschaft Antrag auf Eröffnung eines Verfahrens wegen Mordes an 8723 Menschen.[117]

Nach Esterwegen Am 12. Oktober 1935 verhaftet und nach 29 Tagen Verhör im Polizeigefängnis in Berlin, begann am 10. November die Reise in das Konzentrationslager Esterwegen. Am Lehrter Bahnhof wurde Jürgensen in Ketten zusammen mit einem weiteren Gefangenen durch die Polizei einigen Justizwachtmeistern übergeben, die die Fahrt nach Papenburg im Gefangenenwagen begleiten sollten. Bei Widerstand oder Fluchtversuch werde unnachsichtlich von der Schusswaffe Gebrauch gemacht, teilte man ihnen mit. Angehängt an einen Personenzug begann die Reise Richtung Hannover, mit Zuwachs von zwei weiteren Gefangenen in Brandenburg. Nach Übernachtung in Hannover ging es weiter, und in Hamm machte Jürgensen erneut Bekanntschaft von zwei Gefangenen, einem jungen Mann, der sich als Kommunist bezeichnete und einem Russen. Jener berichtete, wegen großer Geldnot in seinem Bereich der Partei, habe er – zunächst erfolgreich – Falschgeld hergestellt, sei dann aber aufgeflogen, verhaftet worden und müsse jetzt nach Verbüßung seiner Haftstrafe mit einem Aufenthalt von unbekannter Dauer im KL rechnen.

Vor der Weiterfahrt nach Papenburg wurde eine große Anzahl von Strafgefangenen, etwa 50, vor allem Kriminelle, zur Überbrückung der Wartezeit in einer großen Halle versammelt. Die Wachen

117 LeMO, Lebendiges Museum Online, Stiftung Deutsches Historisches Museum, 18. 9. 2018.

achteten vor allem darauf, dass niemand Fluchtversuche machte, Gesprächsinhalte interessierten sie offenbar nicht. Jürgensen führt aus: „Die menschliche Gesellschaft und ihre Ordnung kam bei diesen Erörterungen sehr schlecht weg. Die Justiz, Staatsanwälte und Richter, die Polizei und die Regierung, alle bekamen sie ihr Teil. Schade nur, dass sie es nicht selbst hörten. Mancher wäre doch vielleicht von einer Gänsehaut überlaufen worden, wenn er gehört hätte, wie bei Nennung seines Namens ein Schwur zur Decke stieg, der als einzige Leistung nach der Entlassung des Schwörenden die gewaltsame Auslöschung des Lebens der genannten Person vorsah."

In Papenburg wurden die Gefangenen mit dem Ziel Esterwegen auf einem Lastwagen, einem offenbar stark motorisierten Gefährt, weiterbefördert. Sie hatten mit erhobenen Händen, bedroht durch Gewehre im Anschlag, auf Bänken zu sitzen. Mensch und Tier brachte sich schnell in Sicherheit, als der Wagen mit hoher Geschwindigkeit durch den kleinen Ort kurvte. Die Gefangenen hatten große Mühe, sich auf ihren Bänken zu halten.

Der Wagen hielt schließlich, nachdem er ein „riesenhaftes Tor" durchfahren hatte, vor einem großen Gebäudekomplex. Man musste aussteigen und sich im Laufschritt zu einer bestimmten Stelle bewegen. Hier begann eine von Verbalinjurien durchsetzte erste Befragung, deren Beantwortung, egal welcher Art, weitere Flüche der befragenden SS-Männer hervorrief, etwa so:

"Ich war früher Kommunist und wurde nach Verbüssung einer Freiheitsstrafe in Schutzhaft genommen", lautete die Antwort. Wieder die Daumenbewegung und dazu" marsch in die Baracke."

Dann kam man zu mir. "Na, und wo kommst Du her?" "Aus Berlin", antwortete ich. "So, so Berlin, und was hast Du verbrochen?", wurde gefragt. "Ich habe nichts verbrochen", erwiderte ich. "Weshalb Du hier bist, will ich wissen", brüllte es mir entgegen. "Ich war Mitglied der SPD. und hatte eine Unterredung mit dem Oberpräsidenten und Gauleiter Kube in Berlin über die Anwendung der Prügelstrafe in den Konzentrationslägern", sagte ich. Der Mann stürzte auf mich zu, blieb aber kurz vor mir stehen und schrie, kaum noch der Sprache mächtig: " Was hast Du?" Ich wiederholte den Satz. Er machte dann einen Satz in die Höhe und sprang mit seinen beiden eisenbeschlagenen Absätzen auf meine Fusspitzen, die nur in leichte gewöhnliche Strassenschuhe steckten. Ich hätte aufschreien können vor Schmerz, beherrschte mich aber und verzog keine Miene. Dann drehte er sich um, stürzte in die Baracke, in den Wachraum und rief: "Guckt Euch den mal an, ein SPDist, der schwindelt mir vor, mit Gauleiter Kube über die Prügelstrafe im Konzentrationslager gesprochen zu haben." Ich wurde in die Baracke gerufen. Mir wurden dieselben Fragen vorgelegt, die wahrheitsgetreu dieselbe Beantwortung fanden. Die SS-Männer von der Freiwache und wer sich sonst zufällig im Vorraum des Wachlokals aufhielt, waren Zeugen dieses Verhörs und gerieten völlig durcheinander. Mit Fusstritten und Kolbenstössen wurde ich aus der Baracke getrieben. Man schrie dazwischen: " Euch Lumpen müsste man in Stücke reissen, Ihr Schweinehunde hättet 1933 alle abgeschlachtet werden müssen, warte mal Du Strolch, bei Dir wird es hier nachgeholt, usw. usw.

Dann stürzte der Bereitschaftsführer auf mich los und schrie den überlasst mir mal, den werde ich schon weich machen."Ich musste nach seinem Kommando Sport machen, wie der Ausdruck für diese Übungen in der Schutzhaft lautete, die mitunter damit endeten, dass die Teilnehmer bewusstlos auf der Strecke liegen blieben und vom Platz getragen werden mussten. Ich liess mein

mein Paket mit Wäsche und Gebrauchsgegenständen liegen, musste es aber wieder aufnehmen und so in Hut und Mantel mit dem Paket im Arm die Sportübungen machen. Sie bestanden in: Laufschritt, hinlegen, langsam vorarbeiten, d.h. langgestreckt, platt auf dem Boden liegend, mit Armen und Beinen vorwärts arbeiten oder kriechen, ohne den Körper vom Boden abzuheben. Sprung auf, marsch marsch, hüpfen, rollen usw.

Die übelste Übung war das Rollen, das stets am liebsten angewandt wurde und stundenlang geübt, jeden Menschen vollständig kaputt machte. Dabei musste man sich auf dem Boden auf den Rücken und je nach Kommando links oder rechts herumrollen. Die Umdrehungen, die ich dabei machte, gingen dem Bereitschaftsführer nicht schnell genug, er ging hinterher und bei jeder Umdrehung gab es einige Stösse mit dem SS-Stiefel in den Rücken. Nachdem ich wieder aufstehen konnte, musste ich stillstehen.

Der Bereitschaftsführer trat vor mich hin, spielte mit einer kleinen Kugel, durch die ein Bindfaden gezogen war, vor meinem Gesicht herum und schlug mir mit der Kugel auf die Nase. Ich sollte dabei keine Bewegung machen, tat ich es dennoch, sprang er mir auf die Füsse, auf die Zehenspitzen, er schrie dabei: "Was, Du Lump, willst nicht stillstehen, Du willst einen Befehl nicht ausführen? Dir werde ich es zeigen." Er machte noch einen Sprung auf meine Füsse, die derartig schmerzten, dass mir schwarz vor den Augen wurde.

Meine beiden Kameraden hatten am Tor vor der Baracke Aufstellung genommen und mussten warten, bis auch ich kam. Im Laufschritt musste ich zu ihnen laufen und mich ihnen anschliessen. Wir wurden die SS-Lagerstrasse wieder zurückgeführt und auf der Lagerstrasse vor der Kommandanturbaracke aufgestellt. Man sagte uns, der Kommandant werde gleich erscheinen, wir hätten anständig Haltung anzunehmen und auf die gestellten Fragen kurz und laut zu antworten.

Aus der Tür trat eine grosse, breitschulterige, sehr gut genährte Erscheinung, in schwarzer SS-Uniform, Hausschuhen an den Füssen, der hohen SS-Mütze auf dem Kopfe und einen zu der

Uniform passenden Havelock übergeworfen. Das war der Lagerkommandant, SS-Oberführer Lorentz. Eine Anzahl SS-Offiziere und Anwärter waren mit dem Kommandanten erschienen.

Auf einen Wink des Kommandanten stellte der Bereitschaftsführer, der uns von der Bahn geholt hatte, die Fragen, ebenso, wie sie uns vor der Wache gestellt worden waren. Die Antworten waren daher auch dieselben.

Als letzter wurde ich vorgenommen. Nachdem ich die Fragengenau im gleichen Wortlaut wie vorhin vor der Wache beantwortet hatte, sagte der Kommandant,"was hattest Du?" Ein Wink an den Fragesteller, wiederholen. Die Fragen wurden noch einmal gestellt. Ich gab noch einmal dieselben Antworten. Dem Kommandanten war die Galle in's Blut gestiegen, er lief rot und blau an und sagte zu seinen Offizieren: " Das ist der Lump, den seht Euch an. Er ist schuld an den dicken Eingaben aus Berlin. Seinetwegen mussten wir die langen Schreiben nach Berlin machen. Den merkt Euch." Er drehte sich um und verschwand in der Baracke. Wir wurden dann zur politischen Abteilung geführt, der ein Kriminalkommissar der Gestapo vorstand, wo Formalitäten ihre Erledigung fanden. Im Anschluss daran sollten wir dem Häftlingslager zugeführt werden, bekamen aber am Tor, an der Wache noch einen Aufenthalt.

Der Bereitschaftsführer, der schon vorher seine Sportübungen mit mir machte, griff mich wieder auf und setzte seine Drangsalierungen fort. Dieselben Übungen, dieselbe Hetze von vorhin wiederholten sich in verstärktem Masse. Es gab wieder das Rollen mit Fusstössen im Rücken, das Spiel mit der Kugel im Gesicht und schlagen mit derselben auf die Nase, dem immer ein Sprung mit den schweren Stiefeln auf die Füsse folgte. Dieses Exerzieren wurde ca. eine halbe Stunde fortgesetzt, bis wir gemeinsam durch das Tor die Lagerstrasse des Häftlingslagers betreten konnten. Plötzlich erschallten von oben, aus dem Geschützturm laute Kommandos, hinlegen, rollen, Sprung auf, im Laufschritt, marsch, marsch. Wir mussten wohl oder übel den Kommandos Folge leisten, bis der Bereitschaftsführer, der uns einliefern wollte, das Kommando aufnahm und uns in die Kleiderkammer führte.

Dort erhielt jeder eine alte, abgetragene, zusammen-

zusammengeflickte Uniform der früheren Sicherheitspolizei, Wäsche, Strümpfe und Schnürstiefel. Ausserdem Schlafdecke, Essnapf, Essbesteck und das wichtigste, die Lagernummer, die auf der linken Brustseite des Rockes anzunähen war. Wer diese Nummer erst einmal auf der Brust trug, hatte nur in ganz wenigen Ausnahmefällen noch einen Namen. Er war eine Nummer, mit der er gerufen wurde, wenn er beim Appell vortreten, auf die Schreibstube kommen usw. musste. Er war eine Nummer, wenn er auf den Bock geschnallt wurde, um sich die Knochen lahm und kaputt schlagen zu lassen. Ebenso war er eine Nummer, wenn die sterblichen Überreste von Arbeitskameraden ins Lager getragen werden mussten, da eine Kugel aus der SS-Waffe ihrem Leben ein Ende machte.

Nach der Einkleidung in der Kammer kamen wir in die Baracke neun, die als Eingangsbaracke für alle neu eintreffenden politischen Schutzhäftlinge diente. Von hier aus erfolgte die Verteilung auf die anderen Baracken.

Der Stuben- oder Barackenälteste, ein Schutzhäftling gab uns die nötigen Anweisungen, über unser Verhalten der SS gegenüber und teilte uns einer Tischgemeinschaft zu.

Der Tischälteste wies einem den Tischplatz an, das Schrankfach und machte die Tischordnung bekannt.

Im Schlafsaal wurde uns ein Bettplatz zugewiesen, die Wäsche lag bereits dafür bereit. Kameraden halfen bereitwilligst, das Bett in Ordnung zu bringen, die Gefangenen-Nummer, eine schwarze Nummer auf weissem Grund, auf den Rock zu nähen und ähnliches mehr. Unsere Portionen, die für uns aufgehoben waren, wurden uns übergeben und wir konnten unsere erste Mahlzeit im KZ-Lager machen. Mir schmerzte der Rücken und vor allen Dingen die Füsse.

Eine Beruhigung bot das freundliche und kameradschaftliche Verhalten einer Anzahl früherer SPD-Mitglieder, die sich sofort um mich bemühten, darunter auch einige persönliche Bekannte und liebe Kameraden.

Kurz vor sieben Uhr wurde gepfiffen, das Zeichen für den beginnenden Appell. Jeder stülpte sich seine schirmlose Mütze auf den Kopf und im Laufschritt ging es aus der Baracke

118

SS-Oberführer Hans Loritz (nicht „Lorentz“) trat im KL vor Jürgensen, „Hausschuhe an den Füßen, die hohe SS-Mütze auf dem Kopf und einen zur Uniform passenden Havelock[119] übergeworfen“.[120]

Loritz war 1934 – 1936 Kommandant in Esterwegen, Schreibtisch- und Direkttäter, ordnete Strafen und Mordaktionen an, übte auch persönlich Gewalt gegen Häftlinge aus. In Dachau ließ er eine Genickschussanlage[121] für über 10000 sowjetische Kriegsgefangene bauen. Wegen seines protzigen Lebensstils und korrupten Verhaltens[122] – er ließ ganze Häftlingskommandos für sich arbeiten, das KL hieß auch „Loritz-Werke“ – wurde er nach Norwegen strafversetzt. – Er erhängte sich am 10. Januar 1946 mit einem Gürtel im britischen Lager Neumünster. [123]

118 Repro Green in G. Morsch

119 Der *Havelock* ist ein langer, ärmelloser Pelerinenmantel für den Abend mit fallendem Seidenrevers, verdeckter Knopfleiste und Pattentaschen als Ergänzung zum Frack oder Smoking.

120 Jürgensen, 1944, S. 89 , wie vorstehend.

121 Franz Henk (siehe S. 174) musste in Dachau an dieser Anlage bauen (Vgl. Green, 2017, S. 55).

122 Nach Riedel, Ordnungshüter ..., Berlin 2010, war Betrug eines der Lebensmerkmale Loritz'.

123 Günther Morsch, Hrsg.: Die Konzentrationslager-SS 1936 -1945: Exzess- und Direkttäter im KZ Sachsenhausen, Berlin 2016, S. 295 f.

Ein Esterwegen-Tag[124] Ich wusste, jetzt kommt das Unheil über Dich. Er brüllt hinab in die Grube: „Wer ist das Schwein, was will das Schwein hier?“ Ich weiß, er brüllt zu mir herunter in die Grube. Muss ich noch antworten? Ich brauche doch nicht zu antworten. Er hat weder meine Nummer, noch meinen Namen genannt. Ich antworte nicht. Doch schon kracht es dicht neben mir. Der „rote Hinnerk“ hat sich dicht neben mir in die Grube fallen lassen. Krachend ist die schwere Maschinenpistole, seinen Händen entgleitend, unten in der Grube aufgeschlagen. Er steht neben mir. Er schreit: „Dich habe ich gemeint, mit Dir habe ich geredet, Du Saustück.“ Ich stehe vor diesem kochenden und überschäumenden Vulkan von Menschen in strammer Haltung, wie vorgeschrieben. Da holt er zum Schlag aus. Ich fliege weit weg in den Sand. Wie aus weiter Ferne höre ich das Brüllen dieses Unmenschen, der mich wohl zum Aufstehen ermuntern will. Nach längerer Zeit wird der Kopf allmählich wieder klar; ich kann mich mühselig auf die Beine stellen. Der rote Hinnerk ist noch da. Ich muss eine Grubenwand, die hier und dort etwas eingerutscht ist, erklettern, rutsche aber immer wieder ab in die Grube, bis es mir schließlich nach zahlreichen Versuchen gelingt. Dann geht es wieder zum Wall wie am vorhergehenden Nachmittag. Der jüdische Kamerad wird wieder dazu geholt, und das Rollen zu zweien wird wieder aufgenommen. Doch es sollte noch schlimmer kommen. Zu dem roten Hinnerk gesellte sich ein zweiter Posten, der dem ersten beinah gleichkam, ihn vielleicht in manchem noch übertraf. Eine Weile mussten wir beide zusammen die Böschung hinabrollen, wieder hinaufkriechen und immer wieder hinab in den Graben. Dann plötzlich musste der Jude alleine herunterrollen. Ich musste oben auf dem Wall liegen bleiben. Die beiden SS-Leute sprangen hinab ins Moor und sanken dort tief ein in den weichen Moorboden. Ich wurde aufgefordert, die Wallböschung zum Moor hinunterzurollen. Unter Hinweis auf das Verbot, das Moor außerhalb des Walles zu betreten, lehnte ich es ab, dem Befehl Folge zu leisten.

124 Jürgensen, 1944, S. 74 ff.

Die beiden starken Männer ergriffen mich an den Beinen, zerrten mich vom Wall herunter und warfen mich auf den kahlen, weichen Moorboden. Ich war im Nu durchnässt. Ich lag mit dem Gesicht im Moor. Dann hatten die beiden neben mir wohl eine ihnen brauchbar erscheinende Waffe, einen armdicken Knüppel, entdeckt, mit dem sie auf mich einschlugen, wahllos über Rücken, Gesäß und Oberschenkel. Die Hiebe wurden aufgeteilt. Jeder musste vier Schläge verabreichen. Bei jedem Schlag, der mir versetzt wurde, freuten sich diese beiden großen, starken Männer wie kleine Kinder. Ich muss bei jedem Schlag ein tierähnliches Gebrüll ausgestoßen haben, da jeder Schlag auf die bereits wund und lahm geschlagenen und gestoßenen Körperteile mit nichts zu beschreibenden Schmerzen verbunden war. Die Freunde, die im Lager waren, hatten das Gebrüll vernommen. Sie hatten einander zugeflüstert, jetzt habe man mich wieder vor, wenn ich nur nicht ganz fertiggemacht, d. h. einfach beseitigt würde. Dann den Wall hinaufkriechen und auf der anderen Seite mit dem jüdischen Volksgenossen zusammen hinabrollen in den Graben, in dem sich auch schon Wasser angesammelt hatte. Hinauf auf den Wall, hinabrollen, so ging es fort und fort. Einmal wurde ich noch von oben auf die Moorseite des Walls heruntergeholt. Einmal lag ich noch wieder mit dem Gesicht im Moorschlamm. Einmal noch im Laufe dieses Vormittags holten meine beiden baumlangen, breitschultrigen, starken Henker ihre Marterwerkzeuge aus dem Moor. Sie schlugen wieder auf mich ein. Sie hatten vereinbart, jeder von ihnen sollte fünf Schläge austeilen. Bei jedem Schlag wieder das Gebrüll meinerseits. Wieder das Echo bei den Freunden im Lager. Neben mir hatte man den armdicken, ¾ Meter langen Tannenpfahl liegen gelassen. Ich besaß noch die Geistesgegenwart, ihn in ein wassergefülltes Torfloch zu schieben, in der Annahme, dort werde man ihn schwerlich wiederfinden. Wieder den Wall hinauf, drüben hinabrollen, dann kam das Signal zur Mittagspause. – In der Baracke war alles vorbereitet. Man half mir beim Waschen. Saubere, trockene Wäsche wurde angezogen. Mir wurde ein Platz am Ofen eingeräumt. Ein Kamerad brachte eine Zigarette, ein anderer eine Tasse Bohnenkaffe, der dritte eine Schnitte Weißbrot mit Butter. Es war ein so wohltuendes Gefühl, zu sehen, wie sich alle in der Hilfeleistung überboten. Das Gefühl, nicht alleine zu stehen, hat mir in diesen so kritischen Tagen den Lebenswillen hochhalten helfen und den Lebensmut immer wieder neu angespornt und gestärkt. – Leidlich aufrecht konnte ich nach dem Mittagessen in das Sportplatzkommando wieder eintreten. Den Nachmittag musste ich unter allen Umständen durchhalten, um es den Freunden zu überlassen, zum anderen Morgen meine Unterbringung in ein Kommando im Lager vorzubereiten. – Auf dem Sportplatz wurde ich wieder in die Karre gespannt. Für mich doppelt schwer, da jede Bewegung ungeheure Schmerzen verursachte. Es dauerte auch nicht lange, da wurde ich schon wieder an den Wall gerufen. Mein Freund vom Vormittag war schon dabei. Wieder hinaufkriechen und herunterrollen. Noch einmal wurde ich vom Wall heruntergeholt ins Moor. Der Pfahl wurde gesucht. Meine Peiniger bemerken ihn im Torfloch schwimmen. Der Pfahl wurde ergriffen, und ich erhielt von jedem der beiden SS-Männer noch je zwei Schläge auf meine wunden und lahmen Knochen; ich konnte den Wall verlassen.

Es ist Hannah Arendts „Verweilen beim Grauen“ vor der „fabrizierten und kunstvoll hergestellten Unwirklichkeit (in den KL) mit ihren ungeheuerlichen Grausamkeiten und der Vernichtung als durchaus normaler Maßnahme“[125] geschuldet, diese in Verbindung mit ihren Verursachern zu sehen unter der Fragestellung: „Wer waren sie, die in der als ‚die Moderne‘ bezeichneten Epoche ihre Ideale von Fortschritt, Rationalität und Effizienz in den industriellen Massenmord umsetzten?“ Noch mehr gilt die Absicht für Jürgen Jürgensen, seine Aktivitäten und Aufzeichnungen! Ihre bloße, kommentarlose Wiedergabe würde sie holzschnitthaft dastehen lassen, auch wenn Jürgensen sarkastisch – welche andere Möglichkeit hatte er schon? – SS-Männer nach abartigen Handlungen an Häftlingen als Erneuerer der deutschen Sittlichkeit bezeichnete, als Väter einer neuen Generation Deutscher.

Eine Antwort auf die Frage wird und muss gegeben werden, wissenschaftlich fundiert und verifiziert durch eine Generation von Historikern, Soziologen, Philosophen, die keinesfalls zu einer ad-hoc-Lösung befähigt sein konnten, sondern erst nach langwierigem, zähem Abwägen reüssierten: Leicht ist sie, die Antwort, nicht zu ertragen! Den Tätern geringe allgemeine Kompetenz zuzugestehen, sie als pathologisch verzerrt zu bezeichnen, fände schnell Affirmation. Würde es doch bedeuten, dass alle, die sich als normal bezeichnen, unschuldig sein müssten! Aber gerade diese große Mehrheit steht letztlich im Focus der Frage nach den Tätern; denn wäre ohne Einwilligung (fast) eines ganzen Volkes der Nationalsozialismus in all seinen Erscheinungen möglich gewesen?

„Man möchte im Lande der Täter eben nicht darüber reden (auch S. 126), dass ein großer Teil der Wir-Gruppe der Deutschen sich in der NS-Zeit offenbar normativen Grundüberzeugungen verpflichtet fühlte, die u. a. beinhalteten, dass es notwendig und gut sei, zu töten.

125 Arendt, 1955, S. 698 ff.

Gesellschaftstheoretisch gewendet legt das Vorhandensein solcher Grundüberzeugungen nahe, dass wir (rückblickend) mit einer Gesellschaftsordnung konfrontiert sind, in der die Wertschätzung des menschlichen Lebens keineswegs von christlichen oder aufklärerischen Menschenbildern abhängt, sondern davon, ob dieses Leben als funktional oder dysfunktional für das Gesellschaftmodell der machtüberlegenen Wir-Gruppe definiert wird."[126]

Es gibt aber auch zahlreiche Belege dafür, dass sich die Machthabenden ebenso wie die Ausführenden sehr wohl darüber im Klaren waren, dass sie sich jenseits der historisch gewachsenen rechtlich und ethisch-moralischen Kodizes der Zivilgesellschaft bewegten. Gerade darum bedurfte das nationalsozialistische Regime einer scheinbaren Legitimation für diese Rechtsbeugung, die abgeleitet wurde aus der „kapitalistisch-bolschewistischen Verschwörung des Weltjudentums" gegen das Deutsche Reich.[127]

Und schrieben nicht manche der ehemals Machthabenden wie ihre Gehilfen später gar ihre Biographien um, glaubten selbst an ihre Legenden, wesentliches Kennzeichen eines hysterischen Modus der Konfliktlösung? Trotzdem wussten, spürten sie um ihre Erfahrung mit den destruktiven Seiten in sich, mit ihrem Sadismus, ihrer Fähigkeit zur Unmenschlichkeit, ihrer Mitleidlosigkeit.[128] Seelsorger und ähnliche Instanzen wissen darüber zu berichten (siehe Gustav Sorge, S. 142!).

Somit muss Täteranalyse, Erörterung von Täterschaften nach dem neuesten Stand der Forschung wesentlicher Teil dieser Arbeit sein. Sicher besteht nicht die Gefahr einer literarischen Repräsentation von NS-Tätern nach der Methode Speer im Nachkriegsdeutschland, aber dramaturgisch geglättete, hier: konsumfähige Deutungen in den Medien haben nach wie vor Konjunktur. Andererseits geriert sich eine anscheinend dem Purismus verpflichtete Gruppe von Erinnerungs-

126 Welzer, 1997, S. 11.

127 Angela Moré: Die psychologische Bedeutung der Schuldabwehr von NS-Tätern, in: Rolf Pohl und Joachim Perels, Hrsg.: Normalität der NS-Täter?, Hannover 2011, S. 109.

128 Vgl. Dies., S. 114 f.

stätten-Schleifern als Entscheidungsinstanz über die „Wahrheit“. Es soll nicht ein Kompromiss zwischen beiden gefunden, sondern der seriösen Wissenschaft verpflichtete Arbeit zur Lektüre angeboten werden.

Dazu gehört auch, dass eine endgültige Problemlösung nicht möglich ist; denn als Bestandteil wissenschaftlichen Denkens gilt die Erkenntnis einer ständigen Bewegung im Sinne eines Fortschritts.

[129]

Machtausübung an absolut Hilflosen

ZUR TÄTERFORSCHUNG

Am 12. April 1996 veröffentlichte DIE ZEIT den Abdruck einer Studie von Daniel Jonah Goldhagen, die gleichzeitig seine Dissertation war, in der er die Frage stellte, warum die Shoa in Deutschland möglich war und die Motivation der Täter untersuchte. Er geht von einem eliminatorischen Antisemitismus der Deutschen aus, der nicht durch die Nazis über sie kam, sondern elementarer Bestandteil der deutschen Kulturgeschichte sei. – In der Kritik äußert u. a. Ruth Bettina Birn, Leiterin des Archivs für NS-Verbrechen, Goldhagen würde nur selektive Akten zitieren, bewege sich häufig in der

129 BA BildY 12-441-5356.

Spekulationsform und werde somit unglaubwürdig. Der Historiker Mommsen spricht dem Verfasser die wissenschaftlichen Fähigkeiten ab, erkennt aber durchaus Diskussionsbedarf hinsichtlich des Antisemitismus als Motivation für die Mordtaten an. Hans-Ulrich Wehler lobt die Annäherung an individuelle Täter jenseits der anonymisierenden Betrachtung, wirft ihm aber Monokausalität, auch „Quasi-Rassismus" vor. Christopher Browning entkräftet die Annahme, der Antisemitismus allein sei die Erklärung für die Motivation der Täter. Einig ist er sich mit Goldhagen in der Tatsache der weitreichenden Teilnahme zahlreicher gewöhnlicher Deutscher an der massenhaften Ermordung von Juden. Insgesamt wurden Goldhagens Thesen – vor allem quer durch die Presse – vollkommen abgelehnt.

Täterforschung hat sich in den letzten Jahrzehnten zu einer dynamischen, wenn auch nicht unumstrittenen Schule der NS-Historie entwickelt. Geschichtswissenschaftler haben, frühere Stereotype der Täter als atavistische Scheusale oder seelenlose Bürokraten beiseiteschiebend, damit begonnen, den Anteil kultureller, sozialer und biographischer Faktoren zu deren Verhalten genauer zu untersuchen. Ein gangbarer Weg zur Analyse der verschiedenen Herangehensweisen ist ihre Unterteilung in situative und ideologische Erklärungstypen. Situative Interpretationen sind umfassender, indem sie die Bedeutung von Milieus und sozialen Kräften betonen. Ideologische Interpretationen neigen zu stärkerer Gewichtung des Besonderen, so etwa der individuellen Disposition und Gewichtung.

Mittlerweile kann niemand mehr ernsthaft behaupten, dass die Deutschen ausschließlich aus Zwang töteten, unter Befehlsnotstand[130] oder nichts von den Massenmorden wussten. Im Gegenteil: Spätes-

130 Juristisch bedeutet es, dass niemand bestraft werden könne für eine Tat, die er unter Androhung schwerster Nachteile für die eigene Person begangen habe. Dass Befehlsverweigerung zur Todesstrafe oder Einweisung in ein KZ geführt hätte, könne den Handlangern des Massenmordes kein strafrechtlich relevantes Fehlverhalten vorgeworfen werden. Vor allem in Prozessen wegen NS-Verbrechen in den 50er- und frühen 60er-Jahren galt die Annahme des Befehlsnotstandes als zuverlässiger Schutz vor einer Verurteilung. Nur Exzesstäter waren davon ausgenommen. Doch schon bald nach Gründung der Zentralen Stelle der Landesjustizverwaltungen in Ludwigsburg, die alle Ermittlungen wegen NS-Verfahren koordinierte, wurde diese Annahme wissenschaftlich überprüft. Eindeutiges Ergebnis: Es gab damals und gibt bis heute keinen einzigen nachweisbaren Fall, in dem einem SS-Mann, der einen Mordbefehl verweigert hatte, selbst Gefahr für Leib und Leben drohte (Kenntnis kann im Fachbereich als Allgemeinplatz gelten. Verf.).

tens seit Goldhagen ist klar, dass die Deutschen durchaus freiwillig „mitmachten", dass es keine Strafen gab, wenn man sich weigerte, die Mordbefehle auszuführen usw. Auch die Bedeutung des Antisemitismus kann in der Geschichte der deutschen Nation (damit ist keineswegs nur die NS-Zeit gemeint) nicht – mehr – ausgeblendet werden. Goldhagens Buch ist und bleibt ein wichtiger Beitrag, um sich ein Bild des Geschehens zu machen. Natürlich gab es völlig berechtigte Kritik. Aber die Shoa ist eine singuläre, durch Deutsche initiierte Tat. Diese Tatsache sollte in einer seriösen Kritik das Fundament darstellen. Die Debatte um das Buch zeigte aber, wie notwendig es ist.[131]

Oder um es erneut zu interpretieren: Es wird doch deutlich ausgesprochen, worüber man im Lande der Täter eben nicht reden möchte, darüber, dass ein großer Teil der Wir-Gruppe der Deutschen sich zur Zeit des Nationalsozialismus ganz offenbar normativen Grundsätzen verpflichtet fühlte, die unter anderem beinhalteten, dass es notwendig und gut sei, zu töten. Gesellschaftstheoretisch gewendet, legt das Vorhandensein solcher Grundüberzeugungen nahe, dass wir mit einer Gesellschaftsentwicklung konfrontiert sind, in der die Wertschätzung des menschlichen Lebens keineswegs von christlichen oder aufklärerischen Menschenbildern abhängt, sondern davon, ob dieses Leben als funktional oder dysfunktional für das Gesellschaftsmodell der machtüberlegenen Wir-Gruppe definiert wird. Es dürfte zu kurz greifen, diese Entwicklung allein unter kapitalismustheoretischen Gesichtspunkten zu betrachten, obwohl diese bei der Etablierung instrumentellen Denkens und effizienter Tötungslogistik eine zentrale Rolle spielen; wesentlich dürfte darüber hinaus sein, die historisch gewachsenen Machtdifferentiale zu betrachten, die zwischen den unterschiedlichen Menschengruppen bestanden haben, als sich der genozidale Prozess zu entwickeln begann, dessen Ergebnis „Holocaust" genannt wird.[132]

131 Vgl. Jochen Böhmer: Erinnerung und Aufarbeitung, der NS-Zeit, „Hitlers willige Vollstrecker" und die Goldhagen - Debatte in Deutschland, 3. 10. 2008.

132 Harald Welzer: Über den wissenschaftlichen Umgang mit dem Holocaust, in: Verweilen beim Grauen, Tübingen 1997, S. 11.

„Angesichts der immensen Verbrechen, die im systematischen Genozid nicht nur von den hohen Vertretern des nationalsozialistischen Regimes zu verantworten waren, sondern von mehreren Millionen Deutschen als Tätern begangen und als Mitläufer geduldet bzw. gutgeheißen wurden, bleibt stets ein Gefühl der Unzulänglichkeit, wenn der Versuch unternommen wird, diese Verbrechen und diejenigen, die sie begangen haben, verstehen zu wollen. Dennoch hat eine Vielzahl von Autorinnen und Autoren die theoretische und emotionale Anstrengung unternommen, das Unglaubliche, letztlich Unbegreifliche der systematischen Ermordung von Millionen von Menschen in Worte zu fassen und dem Verstehen durch sozio- und psychogenetische Analysen zugänglich zu machen. Wie sehr das Erschrecken vor dem Ausmaß an möglicher menschlicher Destruktivität seitdem unser Bild vom Menschen verändert und unser (Selbst-)Vertrauen in das Menschsein erschüttert hat, zeigt sich nicht zuletzt im Umfang an soziologischen, historischen, rechtsphilosophischen und psychologischen bzw. psychoanalytischen Studien und Texten, die schon während der NS-Diktatur außerhalb Deutschlands und in den Nachkriegsjahren auch in Deutschland entstanden. Von den Untersuchungen über den autoritären Charakter des damals exilierten Frankfurter Instituts für Sozialforschung, dem Milgram-Experiment, Erich Fromms Arbeit über die Anatomie der menschlichen Destruktivität bis zu heutigen Arbeiten über die transgenerationale Fortwirkung der Verfolgung und Vernichtung in den Nachkommen der Opfer, aber auch in den Nachkommen der Täter reicht das weite Spektrum der Forschungen. Sie alle hatten das Ziel, die Dimensionen des Grauens erkennbar, benennbar und kontrollierbar oder gar beeinflussbar zu machen. Gegenüber dem Ausmaß an Verbrechen – schon des einzelnen Täters wie Adolf Eichmann – wirkt die „Verkleinerung" der Ungeheuerlichen auf ein „menschliches" Maß, das heißt: das Eingeständnis, dass auch solch ein Täter ein einzelnes menschliches Wesen ist, irritierend, beängstigend, ernüchternd und provokant."[133]

133 Angela Moré: Die psychologische Bedeutung der Schuldabwehr von NS-Tätern, in: Normalität der NS-Täter?, Rolf Pohl, Joachim Perels, Hannover 2011, S. 105 f.

Nichts zeigt das deutlicher als die bisherige sozialwissenschaftliche Auseinandersetzung mit dem Nationalsozialismus und dem Holocaust, die sich durch das Fehlen von gleich drei Distanzierungsleistungen auszeichnete: Erstens nämlich sich darüber Rechenschaft abzulegen, von welchem soziohistorischen Ort aus man die Analyse der Vergangenheit beginnt – das ist in Deutschland die Nachfolgegesellschaft der NS-Gesellschaft, zu der eben auch diejenigen gehören, die den Nationalsozialismus hervorgebracht, befördert und mitgetragen haben (inzwischen biologisch neutralisiert, Welzer schrieb 1997, Verf.), diejenigen, die von den Zeitgenossen Hitlers überzogen worden sind und wiederum deren Kinder, zu der aber diejenigen nicht mehr gehören, die dem Nationalsozialismus zum Opfer gefallen sind, zuvor aber zur Gesellschaft der Deutschen und ihrer Geschichte zählten. Zweitens ist aber noch kaum darüber nachgedacht worden, welchen Stellenwert wissenschaftliche Verfahrenslosigkeit in Gestalt etwa der Definition von Randbedingungen, der Präparierung des Objektes, der Kontrolle seines Verhaltens in der Durchführung des Massenmordes in den Konzentrationslagern hatten. Und drittens war nicht viel darüber zu lesen, wie eine Wissenschaft von der Gesellschaft aussehen müsste, die den Holocaust nicht als akzidentielles Ereignis, als Betriebsunfall der Moderne betrachtet, sondern als strukturell gegebene Möglichkeit moderner Gesellschaftsentwicklung, die keineswegs bloß in der Phantasie existiert, sondern ein empirischer Sachverhalt ist.[134]

„In seiner Rede zur Verleihung des Friedenspreises des Deutschen Buchhandels hat Martin Walser 1998 mit großer Verve seine Sehnsucht nach einem gesellschaftlichen Normalzustand ohne den Schatten von Auschwitz zum Ausdruck gebracht. Die fast überschwängliche positive Resonanz auf diese Rede erweckte den Eindruck, als habe ein Intellektueller mit Gewicht und Reputation endlich die erlösenden Worte zur Reinigung des peinigenden Gewissensdrucks der Deutschen ausgesprochen: Eine zur Pflichtübung

134 Vgl. Welzer, 1997, S. 13 f

verkommene Instrumentalisierung von Auschwitz als ‚Drohroutine' als ‚Einschüchterungsmittel' oder gar als ‚Moralkeule' vertrage sich, so die Botschaft Walsers, nicht mit einer Entwicklung der Deutschen zu einem ganz ‚normalen' Volk. Sein Angriff richtete sich vor allem gegen jene intellektuellen ‚Meinungssoldaten', die uns Deutsche im ‚grausamen Erinnerungsdienst' mit ‚vorgehaltener Moralpistole' zum andauernden bußfertigen Bekenntniszwang nötigten und damit unsere Rückkehr zur Normalität behinderten."[135]

Verf. empfiehlt die mehrfache Lektüre z. B. des Kapitels über die „Muselmänner" oder die vielfältigen Prügel-Orgien und sich dann Gedanken zu machen über die „schuldabwehrende Entsorgung der NS-Vergangenheit"[136]!

Die Vertreter der sogenannten Täterforschung bemühen sich um eine Rekonstruktion von Täterbiografien, von Handlungsvollzügen und von Selbstdeutungen. Die Erstellung misst sich spürbar an dem Erwartungshorizont der potenziellen Leserseite, die vielerorts ein Leistungskriterium der Täterforschungen bilden. Zum Betrachtungsradius zählen aber auch Bestandteile der Dienstauffassung und arbeitsethischen Einstellung, Aspekte der Sozialisation, Formen der Disziplinierung, Kontinuitäten autoritärer Amtsstrategien vor und nach 1933, ideologische Prägungen, regionale Überformung, kollektive Einflüsse, situative Dynamiken u. a. mehr. Eine Systematisierung der erforderlichen Daten wird unausweichlich.[137]

Der seit der deutschen „Vereinigung" 1989 verstärkt auftretende, auf das Hervorbringen positiver Nationalgefühle zielende deutsche Normalisierungskurs läuft auf die vergangenheitspolitische Relativierung von Auschwitz hinaus mit dem Mittel der rückblickenden Normalisierung der eigenen Geschichte. Aus dieser Perspektive erscheint selbst der Holocaust als üblicher Lauf der Dinge, der sich,

135 Rolf Pohl, Joachim Perels: Normalität der NS-Täter? Hannover 2011, S. 9.

136 Ebd. S. 10 ff.

137 Petra Frank, Stefan Hördler Hrsg.: Der Nationalsozialismus im Spiegel des öffentlichen Gedächtnisses, Formen der Aufarbeitung und des Gedächtnisses, Berlin 2005, Einleitung.

entgegen historischer Faktizität, scheinbar überall hätte ereignen können. Hier hat sich ein Normalitätsparadigma durchgesetzt, unter dem zwar wichtige Fortschritte in der historischen Analyse von Tatstrukturen und Täterbiographien möglich geworden sind, aber dessen Konjunktur und die darin auffällige inflationäre Verwendung des Begriffs „Normalität" auch im Kontext des Aufschwungs allgemeiner Normalisierungsdebatten in Deutschland gesehen werden kann. Es besteht die Gefahr einer Reproduktion der den öffentlichen Diskurs bestimmenden, schuldabwehrenden Entsorgung der NS-Vergangenheit mit undurchschauten projektiven Anteilen. Dabei wird in der Regel ein künstlicher Gegensatz zwischen „Normalität" und „Pathologie" hergestellt, der besonders für die zeithistorische Forschung eine gewisse Attraktivität besitzt, da er eine klare Zuordnung möglich macht und fragwürdige Pathologisierungen (scheinbar) vermeiden lässt. Aber auch in der Täterforschung sind die Grenzen zwischen Normalität und Pathologie fließend. Darüber hinaus ist ein angemessener Umgang mit ihrem Verhältnis zueinander im Blick auf einzelne Täter nicht ohne kritische Analyse der Herrschaftsstrukturen im Nationalsozialismus möglich. Bei ihnen liegt eine erschreckend amoralische Leere vor. Allerdings müssen die verbindenden Schlüsselfragen der Produktionsregeln und Motivstrukturen der handelnden Akteure in den Blick genommen und im jeweiligen biographischen, gesellschaftlichen, militärischen und situativen Kontext überprüft und konkretisiert werden. Die Entwicklungslinien des wissenschaftlichen Blicks auf die nationalsozialistischen Täter lassen sich in drei große, sich überlagernde Phasen verdichten.

Die erste erstreckte sich bis ca. Anfang der 1960er Jahre und war vor allem durch einen dämonisierenden und pathologischen Blick auf die Täter gekennzeichnet. Als verbrecherisch und damit als „schuldig" galten wenige Angehörige der NS-Führungselite, die Gestapo und die SS, die als „Hort des Abnormen diabolisiert" und damit aus der deutschen Gesellschaft hinausinterpretiert wurden.

Die Aufspaltung der nationalsozialistischen (und damit der eigenen) Vergangenheit in eine Sphäre des Verbrechens und eine der Normalität diente in erster Linie der selbstentlastenden Distanzgewinnung. Schuldig waren die (wenigen) pathologischen Täter, der Rest der Bevölkerung war und blieb normal, anständig und konnte folglich weitgehend als „unschuldig“ gelten.

Das Täterbild der zweiten, bis Ende etwa der 1980er Jahre reichenden Phase wies statt des pathologischen Mörders den interesselosen bürokratischen Vollstrecker aus. Der kalt-distanzierte Verwaltungs- und Systemtäter folgte dem blutrünstigen Exzess- und Gewaltkriminellen. Dieses funktionalistische Täterbild korrespondierte gut mit dem die strafrechtlichen Verfahren bestimmenden obersten Entschuldungsgrund für NS-Verbrechen: der angebliche „Befehlsnotstand“. Bereits in dieser Phase erfolgte eine allmähliche Annäherung an die Normalitätsthese der in den 1990er Jahren folgenden Täterforschung. In den einschlägigen Untersuchungen bestand weitgehend Konsens, dass bei der überwiegenden Anzahl der Täter sich eine im Grunde psychologisch wenig rätselhafte Normalität mit einer gewissen Härte sowie einer emotional und moralischen Gleichgültigkeit paarte. In manchen Beschreibungen gelten die NS-Täter als dienstbeflissene Prototypen des modernen Menschen: rational, effizient, flexibel und (wenn erforderlich) auch skrupellos.

Die dritte, bis heute andauernde Phase ist durch eine Wiederentdeckung der subjektiven Seite des Täterhandelns jenseits der (unfruchtbaren) Alternative zwischen Intentionalismus und Funktionalismus gekennzeichnet. Hier setzt die eigentliche Täterforschung ein. Mit der Rückgewinnung des Subjekts wurde das bisherige Paradigma vom bürokratischen, anonymen und industriellen Prozess, von den Tätern, die den Massenmord innerlich nicht bejahten oder ihm neutral gegenüberstanden, überwunden und damit die endgültige Durchsetzung des Normalbegriffs in der Täterforschung besiegelt. Die Heterogenität der Täterpersönlichkeit und die Vielschichtigkeit des Täterhandelns haben sich inzwischen als Leitbild der Zeitgeschichtsforschung durchgesetzt. Nur unter der grundlegenden und alle Tätertypen vereinenden Normalitäts-Annahme ließen sich jenseits von Exkulpationsstrategien die nun ins Zentrum gerückten Fragen nach dem jeweils gültigen Bündel von objektiven und kulturellen, von kognitiven und situativen Faktoren für die Bereitschaft zu töten beantworten.

Und es ist bekannt, dass die Täter keinesfalls nur dem schlichten Milieu entstammten: Auf den Anklagebänken saßen durchaus auch Männer, die die Feinheiten des Lebens zu schätzen wussten, die Vorzüge einer guten Erziehung hatten. Unter ihnen waren in einem Fall acht Juristen, ein Universitätsprofessor, ein Zahnarzt, ein Kunstsachverständiger und ein Musiker, der Konzerte in allen Teilen Deutschlands gegeben hatte. Unter diesen gebildeten Männern befand sich sogar ein Geistlicher, der sich selbst seiner Würde entkleidete. Solche SS-Führer wichen weder in ihren Gedanken noch in ihrer verbrecherischen Energie von dem ab, was die Büttel in den Konzentrationslagern kennzeichnete.[138]

TÄTERSCHAFTEN

Trotz der vielfach geschilderten, miterlebten oder ausgeführten Gewalt existierten die SS-Männer in den Konzentrationslagern in einem moralischen Universum, in dem sie das Gefühl hatten, selbst „gute Kerle" oder, wie Heinrich Himmler es genannt hat, „anständig geblieben zu sein". Die nationalsozialistische Ethik der Anständigkeit speist sich vor allem aus dem Motiv, sich nicht persönlich zu bereichern oder individuelle Vorteile aus Verbrechen zu ziehen, sondern dies alles stets um eines höheren Zweckes willen zu tun. Diese Ethik der Anständigkeit erlaubt es, Dinge, die unter den Gesichtspunkten christlich-abendländischer Moral absolut böse sind, als gerechtfertigt, ja, als notwendig in das eigene moralische Selbst-

138 Vgl. Klaus Drobisch, Günther Wieland, Berlin 1993, S. 95.

bild zu integrieren. Tatsächlich gestattet es diese Form nationalsozialistischer Moral – die auch vorsieht, dass man unter der „Drecksarbeit", die man prügelnd und mordend machen muss, durchaus selbst leiden kann – zu morden und sich dabei in einem moralischen Sinn nicht schlecht zu fühlen. Ideologen der Vernichtung, Täter wie Rudolf Höß und zahllose andere haben immer wieder betont, dass es eine unangenehme, der eigenen „Menschlichkeit" widerstrebende Aufgabe war, Menschen zu vernichten, sich aber gerade in der Selbstüberwindung die besondere charakterliche Qualität des Täters zeige.

Wenn ausgewiesene Täter autobiographisches Material – Tagebücher, Aufzeichnungen, Interviews – hinterlassen haben, zeigt dieses in der Regel ein auffälliges Merkmal. Selbst wenn die betreffenden Personen offenbar keinerlei humanen Zurechnungsmaßstab für das zu haben scheinen, was sie angerichtet haben, sind sie doch regelmäßig ängstlich darauf bedacht, nicht als „schlechte Menschen" dazustehen, sondern als Personen, deren moralisches Vermögen gerade auch im Rahmen der extremen Situationen ihres Handelns intakt geblieben sei.[139] Nicht zuletzt war diese Haltung auch das Ergebnis einer Ausbildung.

Doch worin bestand sie? Zur Aufgabe der Lager-SS gehörte es in erster Linie, die KZ-Häftlinge zu bewachen. In der am 1. Oktober 1933 erlassenen „Disziplinar- und Strafordnung für das Gefangenenlager" von Dachau hieß es einleitend: „Toleranz bedeutet Schwäche. Aus dieser Erkenntnis heraus wird dort rücksichtslos zugegriffen werden, wo es im Interesse des Vaterlandes notwendig erscheint." Die SS-Führer versuchten, ihre Untergebenen, insbesondere die SS-Rekruten, gegen die KZ-Insassen aufzubringen. „Dort hinter dem Draht lauert der Feind und beobachtet all Euer Tun, um Eure Schwäche für sich zu nutzen. Gebt Euch keine Blößen, zeigt diesen Staatsfeinden die Zähne. Jeder, der auch nur die geringste Spur von Mitleid mit diesen Staatsfeinden erkennen lässt, muss aus unseren

139 Sönke Neitzel, Harald Welzer: Soldaten, Protokolle vom Kämpfen, Töten und Sterben, Frankfurt 2011, S. 201 f.

Reihen verschwinden. Wir können nur harte, zu allem entschlossene SS-Männer gebrauchen. Weichlinge haben bei uns keinen Platz!"

Die SS-Männer, vor allem die SS-Rekruten, wurden gezielt dran gewöhnt, Gewalt auszuüben. Man ließ sie zum Vollzug der Prügelstrafe antreten; sie lernten zu foltern. Zahlreiche KZ-Überlebende berichten, wie dies vonstattenging. Täglich erschein ein SS-Unterführer zur „Blockkontrolle" (im Block der jüdischen Häftlinge), das ging selten ohne Brutalitäten ab. Einem SS-Rekruten wurde befohlen: „Tret' dem Kerl in den Bauch!" In neun von zehn Fällen schreckte der Jüngere vor diesem Befehl zurück. Und dann ging es weiter: „Du hast Schiss vor einem Saujuden? Du willst ein Soldat des Führers sein? Ein Feigling bist du!" So ging es von Block zu Block. Oft waren dann die Hemmungen des Jüngeren schon gebrochen, er trat und schlug, um „Härte" zu beweisen.

Alle Angehörigen der Konzentrationslager-SS durchliefen eine Art Schulung, die „Dachauer Schule". In der Praxis erwarben sie ihr handlungsleitendes Wissen über die Behandlung von KZ-Häftlingen und in nicht selten anberaumten weltanschaulichen Schulungen. Gleichwohl kam der NS-Ideologie eine wichtige Funktion zu. Die SS-Männer agierten das aus, was bis zur „Machtergreifung" vorwiegend in Schriften und Worten präsent gewesen war. Sie prügelten und schikanierten die von ihren Vorgesetzten als „Staatsfeinde" bezeichneten politischen Häftlinge, die als „asozial" geltenden homosexuellen Gefangenen und in besonderem Maße die Juden. Es waren die jüdischen Gefangenen, die zu einem überproportionalen hohen Prozentsatz Opfer ihrer tödlichen Gewalt wurden. Schon das verweist auf die Bedeutung der ideologischen Aufladung der SS-Männer. Im Grunde erwies sich die Ausbildung, die viele SS-Leute durchliefen, als Initiationsritus, der die SS-Männer unempfindlich gegen ihre eigenen Gefühle – und die Qualen der Gefolterten – machen, vor allem jedoch in die Gemeinschaft der Täter integrieren sollte. Die gemeinsam begangenen Verbrechen schweißten die Mitglieder der Konzentrationslager-SS zu einer Gruppe zusammen.

Perfider noch war der Terror, den die SS-Männer nicht eigenhändig ausübten, sondern an die Funktionshäftlinge delegierten. So geschah es z. B. dass ein SS-Führer, auf zwei Häftlinge deutend, einem Kapo, befahl: „Diese beiden Lumpen will ich heute Abend nicht mehr sehen!" Als das Kommando zurückkam, brachte es zwei Tote mit. Der Kapo erstattete Meldung über die Stärke seines Kommandos und die am Tage Verstorbenen; er hatte sie getötet, weil er glaubte, der SS-Führer habe es von ihm verlangt. Solche Szenen gehörten zu den oft beschriebenen Geschehnissen des Lageralltags.[140]

Die Steigerung der Bereitschaft und Kompetenz zum Quälen und Töten lässt sich geradezu als Modellfall zweier Theoreme betrachten, eines soziologischen und eines sozialpsychologischen: Erstens entfalten soziale Prozesse Handlungsdynamiken und Handlungsfolgen, die von keinem der einzelnen Beteiligten in der sich dann zeigenden Gestalt antizipiert, geschweige denn geplant wurden. Zweitens zeigt sich in den bisher beschriebenen Vorgängen die strukturbildende Kraft praktizierter Gewalt, die sowohl für die künftigen Opfer wie für das Verhalten und die Selbstwahrnehmung der Täter folgenreich ist. Das Quälen und Töten ist innerhalb wenige Monate zur Normalität geworden, zu einem Handwerk, das man beherrschen kann, und dieser Umstand erzeugt zusammen mit der erreichten Effizienz das Gefühl bei den Beteiligten, dass vieles machbar ist, was man zu Beginn des Prozesses für schwierig, wenn nicht für undurchführbar gehalten hätte.[141]

Häufig lässt sich eine erstaunliche psychologische Folgenlosigkeit der ausgeübten extremen Gewalt konstatieren. Schuldgefühle sind an keiner Stelle zu identifizieren, Empathie gegenüber einzelnen Opfern nur ganz selten. Wenn in Alexander und Margarete Mitscherlichs Studie „Die Unfähigkeit zu trauern"[142] von Verdrängung

140 Vgl. Karin Orth: Egon Zill, in: Der Nationalsozialismus im Spiegel der öffentlichen Gedächtnisse, Formen der Aufarbeitung und des Gedenkens, Petra Frank, Stefan Hördler Hrsg., Berlin 2005, S. 266 f.

141 Harald Welzer: Täter, Wie aus ganz normalen Menschen Massenmörder werden, Frankfurt 2011, S. 29.

142 Alexander Mitscherlich: Gesammelte Schriften IV, Frankfurt 1967.

die Rede ist, erweist sich das als zu positive Sicht der Dinge: Eine Verdrängung von Schuld setzt voraus, dass diese zumindest initial empfunden wurde. Das ist zumindest in dem verfügbaren Material nicht der Fall. Wir können für die Nachkriegszeit so gut wie keine Indikatoren finden, dass die Täter mit ihrem Leben nicht zurechtgekommen wären, sondern in überzufällig großer Zahl in der Psychiatrie, in Therapien oder sonstigen Institutionen psychosozialer Versorgung aufgetaucht wären. Das hervorstechendste und deprimierende Merkmal der Täteraussagen ist die regelmäßige ostentative Darstellung dessen, dass man gegen seinen eigenen Willen und gegen sein eigenes Empfinden in die Lage gekommen war, grauenhafte Dinge zu tun – worunter man selbst gelitten habe. Man kann hier eine Spur der Himmler'schen Ethik der „Anständigkeit" erkennen, die nicht nur zeitgenössisch handlungsleitend war, sondern die es dem Täter ermöglichte, sich selbst als Menschen zu sehen, die unter den unangenehmen Aspekten ihrer Arbeit leiden konnten. [143]

Und auch das sei hier angemerkt: Es gibt zwei Aspekte im Komplex gewaltförmigen sozialen Handelns, die aus unterschiedlichen Gründen unzugänglich bleiben. Beide zeigen die Grenzen intersubjektiver Nachvollziehbarkeit. Es lässt sich nicht beschreiben, was jemand empfindet, der getreten, erniedrigt, verletzt und gemartert wird und auch nicht nachvollziehen, was es heißt, wenn als Resultat des Ausgeschlossenwerdens aus der Gemeinschaft der Zugehörigen die Eltern, Kinder, Geschwister, Nachbarn, Freunde oder Fremde ermordet werden und das eigene Leben beständig in Gefahr ist. Weder die Erfahrung des konkreten Gewalterleidens noch eine soziale Realität, in der alle vertrauten Gewissheiten aufgelöst sind, kann in angemessener Form nachvollziehbar gemacht werden. Ersteres ist nicht nur deswegen unmöglich, weil Schmerz nicht kommunizierbar ist, hinzu kommt, dass Menschen kein Schmerzgedächtnis haben. Man kann sich erinnern an Empfindungen wie Angst, Scham, Überwältigung oder Entfremdung, die mit Schmerz einhergehen.

143 Welzer, 2011, S. 218 f.

Das unmittelbare Schmerzempfinden hingegen kann nicht zurückgeholt werden.[144]

Die Prügelstrafe wurde in den Konzentrationslagern häufig durchgeführt.[145] Zu dem unerträglichen Schmerz kam die absolute Erniedrigung, dazu für andere Häftlinge, hier auch Jürgensen, das furchtbare Erlebnis des Zusehenmüssens. Und dieser Zwang sollte nicht nur der Abschreckung dienen, sondern es war schlicht eine Methode, Häftlinge zu quälen, ihre Empathiekompetenz zu strapazieren, die Macht des Bewachungspersonals zu erleben, die eigene Hilflosigkeit deutlich zu empfinden.

se. Der Verurteilte kam mit dem Bock angeschleppt. Der Bock wurde aufgestellt. "Nummer 891". Ich musste meinen Platz verlassen und im Glied direkt vor dem Bock antreten, um die Prügelstrafe aus nächster Nähe kennen zu lernen. Ich stand im Glied, querab vom Bock. Ich konnte beobachten, wie eifrig die SS-Leute bei der Vorbereitung der Exekution waren. Wie hurtig waren ihre Griffe beim Anschnallen des Opfers. Wie schmunzelten einige wollüstig, wie grinsten andere höhnisch, als die ersten Schläge fielen. Einige lachten laut auf, als der arme Kerl auf dem Bock bei jedem der ersten Schläge ein verbissenes Grunzen statt der Zahl der Schläge hören liess. Er sollte doch mitzählen. Den Hieb, den er nicht selbst laut und deutlich mitzählte, hatte er verloren. Der zählte nicht. Vier Schläge bekam der Ärmste mehr, so dass er statt der vorgesehenen fünfundzwanzig Hiebe, neunundzwanzig erhielt. Unser Kamerad wurde in die Arrestzelle gebracht, mitsamt dem Bock. Die SS-Leute gingen in ihr Lager und wir nachdenklich in unsere Baracken zum Abendessen; den Bauch voll Wut und Zorn. Manchem wird es an diesem Abend zunächst nicht geschmeckt haben.

144 Michaela Christ: Die Dynamik des Tötens, Die Ermordung der Juden von Berditschew Ukraine 1941 – 1944,

145 Jürgensen 1944, S. 123.

Ein besonderer Bock war im Lager Esterwegen für die Durchführung der Prügelstrafe konstruiert worden. Man stelle sich ein Gerät vor, ähnlich oder in der Größe eines Bocks, wie wir ihn aus unseren Turnvereinen und auch aus der Schule kennen. Anstatt der hohen Wölbung bei dem Sportbock wies der Prügelbock eine Aushöhlung auf. Man stelle sich eine große Schlä(ch)termulde (sic) vor, die an beiden Seiten glatt ausläuft, also keine hochstehenden Enden hat. Diese Mulde mit vier Beinen versehen, mit Riemen daran, damit derjenige, der in dieser Mulde zu liegen kommt, auch richtig und haltbar festgeschnallt werden kann, damit er mit diesem Gerät zu einer Einheit verschmilzt. Die Konstrukteure dieses Apparates hatten nichts versäumt, um bei der Anwendung die größtmögliche Wirkung zu erzielen. Lag der zu Verprügelnde auf dem Bock, wurde der Oberkörper festgeschnallt. Die Beine wurden unter den Bock gezogen, so dass das Körperteil, welches nun die fünfundzwanzig, fünfzig oder fünfundsiebzig Schläge aufnehmen sollte, stramm gespannt auf dem Bock lag. Für Herz und Gemüt eines wahrhaft deutschen SS-Mannes eine wirkliche Freude. „Der Häftling ... Nummer ... wird auf Anordnung des Kommandanten wegen Gehorsamsverweigerung zu fünfundzwanzig Stockschlägen verurteilt", so hieß es bei einem Abendappell. Wenn es nur ein einfacher Stock gewesen wäre, wie man nach diesem Urteil des Kommandanten hätte annehmen können. Der erste Stock, den ich gelegentlich zu Gesicht bekam, war eine mit Blei gefüllte Stahlfeder, mit einer Retschicht (sic) überzogen. Dieses Prügelinstrument war also, wie der Bock auch, für den besonderen Zweck eigens angefertigt. Die Wirkung der durch kräftige SS-Männer geführten Hiebe war fürchterlich. Es war keine Seltenheit, dass schon beim ersten Hieb das Blut durch die Kleidung drang. Kamen dann noch die vorgesehenen Hiebe dazu, war das ganze hintere Körperteil eine zerschlagene, breiige Masse. In vielen Fällen hatten die Knochen dabei auch noch gelitten, so dass nachträglich der Tod eintrat. Wie groß die Zahl der Todesopfer gewesen ist, die tatsächlich auf das Konto der unmenschlichen

Prügelstrafe kommen musste, wird wohl nicht festzustellen sein. Es war ja so leicht, im Lager eine Todesursache zu finden und anzugeben. Wer sollte dort nur einmal wagen nachzuprüfen. Mancher Häftling, der auf dem Bock lag, war schon nach den ersten Schlägen ohnmächtig. Dann musste der Arzt gehört werden. Der Arzt gebot in diesen Fällen meistens Einhalt. Es ist aber auch vorgekommen, dass man die bereits eingetretene Bewusstlosigkeit nicht bemerkte oder sie nicht bemerken wollte. Der Delinquent musste die Zahl der Hiebe, die für ihn bestimmt waren, mitzählen.[146]

146 Jürgensen, 1944, S. 121 f.

377

Wirtschafts- Verwaltungshauptamt
Amtsgruppe D
- Konzentrationslager -
D I/1 / Az.: 14 c 3 /Ot./U.

Oranienburg, den 4. April 1942.

65

Betreff: Prügelstrafen.

Einschreiben.

An die
Lagerkommandanten der
Konzentrationslager
Da., Sah., Bu., Mau., Flo., Neu., Au., Gr.-Ro., Natz., Nie., Stu., Arb., Rav. und Kommandant Kriegsgef.-Lager Lublin.

Der Reichsführer - SS und Chef der Deutschen Polizei hat angeordnet, daß bei seinen Verfügungen von Prügelstrafen (sowohl bei männlichen als auch bei weiblichen Schutz- oder Vorbeugungshäftlingen), wenn das Wort " verschärft " hinzugesetzt ist, der Strafvollzug auf das unbekleidete Gesäß zu erfolgen hat.

In allen anderen Fällen bleibt es bei dem bisherigen vom Reichsführer - SS angeordneten Vollzug.

Der Chef des Zentralamtes

Liebehenschel

SS - Obersturmbannführer.

Egon Zill, 1906 – 1974, Beispiel für einen bestimmten Bereich häufig beschriebener SS-Männer, gehörte der sogenannten Kriegsjugendgeneration an, die den ersten Weltkrieg nicht selbst erlebt hatten, wohl aber mit seinem Mythos aufgewachsen war. Er stammte aus relativ einfachen Verhältnissen und fand bereits als Jugendlicher Zugang zu rechtsradikalen Kreisen. Angesichts dieser Verankerung war es kein Zufall, dass er nach der „Machtergreifung" die Chance wahrnahm, hauptamtlich zur SS zu wechseln. Schon als Jugendlicher an Gewalt als Mittel der politischen Auseinandersetzung gewöhnt, fiel es ihm vermutlich nicht schwer, sich in die Reihen der Konzentrationslager-SS zu integrieren und die dort üblichen Initiationsriten, die Einübung in Foltertechniken, zu durchlaufen. Das Netz der Konzentrationslager-SS, in dem er bis zum Kommandanten aufstieg, wurde Zill zu einer Art Heimat. Integrale Bestandteile des auf vielfältige Weise verwobenen sozialen Netzes, waren politische Freundschaften – auch Querelen – ein am Ideologem der „SS- Sippengemeinschaft" orientierter gesellschaftlicher Kontext sowie ein eigener sprachlicher „Code". Im Kern jedoch wurde das Geflecht durch die gemeinsam verübten Verbrechen zusammengehalten: durch die gemeinsame dienstliche Sozialisation und Dienstausübung, die Formen der kollektiven Gewalt hervorbrachte. Auch als Zill 1943 zur kämpfenden Einheit der Waffen-SS versetzt wurde, bildeten die Konzentrationslager nach wie vor eine wichtiger Bezugsgröße seines Denkens und Handelns.[147]

Gustav Sorge, 1911 – 1978, aus ärmlichen Verhältnissen stammend, ist als grausamer Exzesstäter u. a. des KZ Esterwegen bekannt. Früh Arbeitsdienst– und Rapportführer, sorgte er zudem für die Brutalisierung seiner Untergebenen. Der gelernte Schmied fiel in Straßenschlachten der SS ab 1932 durch sein brutales Vorgehen auf, was ihm den Spitznamen „Eiserner Gustav" eintrug. Nach der „Machtübername" erhielt er eine hauptberufliche Stelle im KZ-System. – Der Gefangene Leon Szalet beschreibt die Wutausbrüche Gustav Sorges

147 Orth, 2005, S. 167.

während des Appells:[148] „Er pflegte mit heiserem Kriegsgeschrei zu uns hereinzustürmen, ein irrsinniges Glimmern in den Augen, und während der Geifer durch seinen ausgefransten Mund lief, blindlings nach allen Seiten mit seinen Stangen zu stoßen. Das Schlagen dauerte so lange, bis die Mordwaffen in Splittern und Stücken auf dem Boden zerstreut waren. Dann war der Höhepunkt seiner wilden Orgie erreicht, und er tänzelte seelenruhig davon, als wäre nichts Ungewöhnliche geschehen." - Sorge wurde nach 1945 vom Bonner Landgericht wegen Mordes zu lebenslanger Haft verurteilt und starb im Gefängnis. In der Haft hat sich Sorge wieder der evangelischen Kirche angenähert und Überlegungen zu seiner persönlichen Schuld angestellt. Die Verantwortung sah er beim NS-Regime.

Gustav Sorge, Zeichnung von Evžen Seyček, Häftling im KZ Sachsenhausen, entstanden im Zuge des Bonner Verfahrens gegen Sorge 1958/59

148 Leon Szalet: Kein Friede den Frevlern, Berlin 1956, S. 215.

149

Eine der vielen schrecklichen Bestrafungen für „Ungehorsam“ war das „Krummschließen“[150]: Die Häftlinge mussten sich auf den Bauch legen. Die Arme und Beine wurden ihnen auf dem Rücken mittels eines besonders dafür konstruierten Apparates zusammengefasst und durch eine Art Kurbelvorrichtung angezogen. Je mehr diese Schrauben gezogen wurden, desto krummer wurde die Körperhaltung, die der Häftling einnehmen musste. Das Andrehen wurde so lange fortgesetzt, bis die Knochen in den Gelenken knackten. – Zwei Zeugen Jehovas, Vater und Sohn, wurde im Juni 1936 die Frage gestellt, wer ihr Führer sei. Da sie „Jehova“ antworteten und nicht „Adolf Hitler“, wurde an ihnen das Krummschließen vollzogen. Der Schmerz rief ein dumpfes Stöhnen hervor, später gellten die ersten Schreie. Dann hätte man glauben können, Eselsschreie zu vernehmen, so unnatürliche, unmenschliche Laute gaben die beiden Kameraden von sich. Nach Stunden wurden sie erlöst und auf Bahren davongetragen.

149 Günther Morsch (Hrsg,): Die Konzentrationslagert-SS 1936 – 1945, Exzess- und Direkttäter im KZ Sachsenhausen, Berlin 2016, S. 115, daraus auch Gustav Sorge als Repro Green.

150 Jürgensen 1944, S. 133 f.

Doch es sollte noch schlimmer kommen. Eines Tages herrschte auf der Lagerstrasse eine ganz besondere Geschäftigkeit. Unter anderem wurde in den Lichtmasten in reichlicher Mannesgrösse grosse Haken getrieben. Abends beim Appell wurde der Bibelforscher und sein Sohn wieder vorgerufen. Mit dem alten Manne war übrigens noch ein zweiter Sohn im Lager gewesen, der bereits vor einigen Monaten entlassen worden war. An diesem Abend wurde wieder die Frage gestellt, wer ist Dein Führer? Die Antwort lautete, beim Vater wie auch beim Sohn: "Jehovà". Daraufhin wurde der alte Mann zum Aufhängen für eine Stunde und der Sohn zum Krummschliessen auf die Dauer von zwei Stunden verurteilt. Vollstreckung des Urteils am Mittag des nächsten Tages. Am nächsten Mittag lag der junge Bibelforscher unter einem Lichtmast, krummgeschlossen. Dem Vater wurden die Arme zusammengelegt, eine starke Kette um die Handgelenke gewunden und die Kette geschlossen. Er wurde hochgehoben und die Kette über den in den Lichtmast getriebenen Haken gehängt. So hing er an der Kette mit seinem Körpergewicht tatsächlich in den Gelenken am Mast. Der Erdboden war so weit entfernt, dass die Füsse ihn nicht erreichen konnten. Die Häftlinge gehen alle wieder zum Essen in die Baracke. Alles wiederholt sich, wie vorhin geschildert. Als eine Stunde um war, wurde der Alte vom Mast herunter geholt. Er war kurz vor dem Zusammenbruch. Ob er noch seinen Sohn schräg vor ihm auf den Boden erkannt hat? Höchstwahrscheinlich nicht. Er liess sich, leise stöhnend, wieder in die Arrestzelle tragen. Nach einer Stunde wurde auch der Junge, ein baumstarker Mann, von seinem Apparat befreit. Er musste fortgetragen werden.

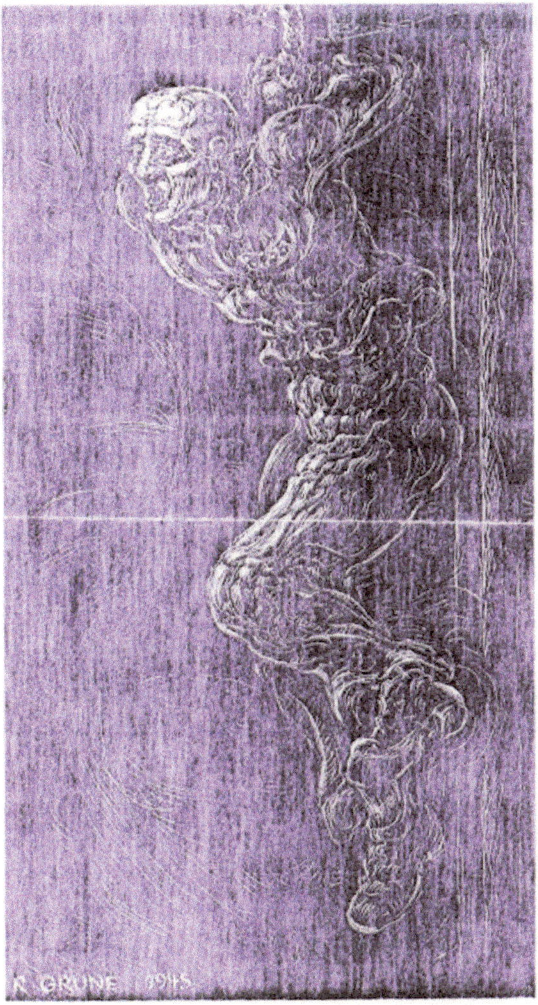

Zeichnung des ehemaligen Häftlings des KZ Neuengamme, Richard Grune.[151]

151 ANg.Ng. 2.5.5/723

Theodor Eicke wurde am 17. Oktober 1892 als jüngstes von elf Kindern in Hampont, Frankreich, Region Lothringen, geboren. Geschwister sollen im Ersten Weltkrieg auf französischer Seite gekämpft haben. Er brach die Realschule ab, fand nach der Kommissars-Prüfung 1920 in Cottbus wegen republikfeindlicher Betätigung keine Übernahme in den Polizeidienst. Als Offiziersanwärter der 1921 neu errichteten Schutzpolizei in Weimar wurde er nach 14 Tagen wegen reaktionärer Umtriebe fristlos entlassen. Zum Zeitpunkt des Massakers bei BASF in Ludwigshafen am 5. März 1924, bei dem fünf Arbeiter erschossen wurden, war Eicke Angestellter beim Werkschutz.

Nach Herstellung mehrerer Bomben wird Eicke als rechtsextremer Terrorist im Juli 1932 wegen Vergehens gegen das Sprengstoffgesetz zu zwei Jahren Gefängnis verurteilt, wegen angeblicher Nervenstörung für haftunfähig erklärt.

Später eskaliert seine langjährige Fehde mit dem Gauleiter der Rheinpfalz, Josef Bürckel, der ihn als „hochgradig geschlechtskrank und total verrückt“ bezeichnet, so dass er am 21. März 1933 auf Geheiß Himmlers verhaftet wird, um zur Untersuchung des Geisteszustandes in die psychiatrische Universitätsklinik nach Würzburg gebracht zu werden. Erst einige Zeit später am 26. Juni 1933 tritt er seinen Dienst in Dachau an, nachdem der Arzt Werner Heyde – später eine Schlüsselfigur des mörderischen „Euthanasie“-Programms – in Würzburg die geistige Gesundheit des SS-Oberführers bescheinigt hat.[152] Ansonsten war der vierschrötige Eicke ein Hitzkopf, ein Despot und fanatischer Nazi, anmaßend und rachsüchtig, vermutete überall Feinde und ging keinem Streit aus dem Weg.

Dass Eicke für die Schutzhäftlinge nur Verachtung kannte, bewies allein schon die Disziplinar- und Strafordnung für das Gefangenenlager, die er am 1. Oktober 1933 erließ. Erstmals führte er im Lager die Prügelstrafe mit 25 Stockhieben ein und als Neuerung das Pfahlbinden. Als Hauptstrafen konnte der Kommandant Arrest- und

152 Nikolaus Wachsmann: KL, die Geschichte der nationalsozialistischen Konzentrationslager, Bonn 2016, S. 74.

Strafarbeit verhängen. Für besondere Fälle sah Eicke auch die Todesstrafe vor und setzte sich bedenkenlos über den Protest der Justiz hinweg. Außerdem war er bestrebt, keinerlei Nachrichten mehr aus dem Lager zu lassen und sah die Todesstrafe für jegliche Form der Weitergabe vor. Alle Arten von Zuwiderhandlung gegen Anordnungen des Wachpersonals werden als Meuterei mit dem Tode bestraft durch sofortiges Erschießen oder späteres Hängen. Außerdem verlängert jede geringere Bestrafung eine evtl. anstehende Entlassung um weitere vier bis acht Wochen. – Himmler war von Eickes Fortschritten begeistert.

Am 4. Juli 1934 wird Eicke Inspekteur der Konzentrationslage und Führer der SS-Wachverbände, ab 9. September 1939 in leitender Funktion im Generalgouvernement Krakau eingesetzt. Schwere Verwundungen, Nervenschaden, zerschmetterten Fuß, erlitt er, als sein Wagen auf eine Mine fuhr. Am 26. Februar 1943 verstarb Eicke im Wrack eines Aufklärungsflugzeuges, nachdem dieses von russischen Truppen über Artelnoje, Kreis Dimitrowsk Orlowski, Orel, abgeschossen worden war.[153]

Und für Eicke gelten mit Sicherheit die Merkmale eines großen Teils seiner Generation: Bedingt durch massive Beeinträchtigungen in der subjektiven frühen Entwicklung, hervorgerufen durch mangelnde Fürsorge, instabile Bindungen, körperliche Züchtigungen und kriegs- und armutsbedingte Traumatisierungen über mehrere Generationen hinweg, lässt sich in der deutschen Durchschnittsbevölkerung (einschließlich der höheren sozialen Schichten) eine psychische Labilität und Strukturschwäche feststellen. Instabile Über-ich-Strukturen wurden ersetzt durch Rigidität, Zwanghaftigkeit und Perfektionismus, mangelnde Mentalisierungsfähigkeit wurde kompensiert durch Gefühlspathos und romantisierende Emotionsklischees, fehlende Selbstsicherheit, resultierend aus tiefer narzisstischer Verletzung durch Irritation, weckte ein immenses Bedürfnis nach „guten Führerfiguren", die idealisiert und durch projektive

153 www.tenhumbergreinhard.de/1933 - 1945-taeter-und-mitlaeufer, 7. 6. 2020.

Identifikation angeeignet werden konnten, um innere Leerstellen zu füllen. Aggressionsbewältigung erfolgte durch Spaltung, projektive Abwehr durch Verschiebung auf Sündenböcke.

Die psychische Labilität als Teil der Entwicklung wurde vom nationalsozialistischen System in geschickter Weise instrumentalisiert und für die Zwecke des Regimes genutzt. Im Endeffekt resultierten daraus auch die Phänomene der erbarmungslosen Gleichgültigkeit und Niedertracht, verbunden mit eigenen Machtgelüsten und Ruhmsucht, der unbeherrschten Mordimpulse von Schergen wie Amon Göth, der vielen Eichmänner fanatischer Hass und Antisemitismus, der räuberischen Habgier von zahllosen Görings[154] und des Unmenschen Eicke.

Der Muselmann (Der Begriff ist nicht im heutigen Sinne als abwertend gegenüber Muslimen gemeint, sondern entstammt vermutlich dem seinerzeitigen, häufig primitiven Jargon von SS-Schergen in den Konzentrationslagern.) „Denken ohne Geländer" hat Hannah Arendt einst in perfekter Trefflichkeit genannt, was jene Erkenntniswege ausmacht, die so einfach scheinen und doch so schwer zu realisieren sind; ist der Mensch doch von Kindesbeinen umstellt von Geländern. Solange diese dem Denkenden zwischenzeitlich Stützen sind, ist dagegen sicher auch nichts einzuwenden, können Halte- oder Leitstangen also durchaus hilfreich sein. Geländer führen allerdings in vorgegebene Richtungen, und dem eigenen Denken kann letztlich nichts gefährlicher und verderblicher sein. Zum Leben in den Konzentrationslagern gibt es keine Parallelen. Was immer sich uns als solches darbietet, vernebelt uns den Sinn und lenkt die Aufmerksamkeit von Wesentlichen ab, und dieses besteht darin, dass es absolut undenkbar ist.

Wenn Jürgen Jürgensen in seinen Erfahrungen aus dem Konzentrationslager die absolute Mangelernährung auch kannte, welche so geplant war, dass sie zusammen mit schwerer Arbeit unweigerlich

154 Moré, 2011, S. 118 f.

zum Tode führte, hat er den Begriff „Muselmann“ hinsichtlich ständigen Hungers und seinen Folgen nicht verwendet. Jener ist vermutlich erst 1942 im Lager Auschwitz entstanden[155] und hat sich von dort aus verbreitet. „Denken ohne Geländer“ mag helfen, sich ihm gedanklich anzunähern, zu begreifen ist er in seinem So-Sein sicher nicht.

Der Muselmann[156] ist der zerstörte Mensch zwischen Leben und Tod. Er ist das Opfer einer schrittweisen Vernichtung des Menschen. Bevor absolute Macht mit unmittelbarer Körpergewalt tötet, betreibt sie eine gezielte Politik der Verelendung, der Transformation der Conditio Humana. Die zunehmende Auszehrung tilgte die Trennlinie zwischen Leben und Tod. Die Menschen waren nur mehr Schatten ihrer selbst. Ihr Handeln war unter das animalische Minimum gesunken. Sie sahen und hörten kaum etwas, reagierten nur, wenn sie angebrüllt oder angetrieben wurden. Der Muselmann verkörpert einen schleichenden Tod, einen Ablauf und Übergang, keinen Zeitpunkt. Obwohl noch unter den Lebenden, war er schon tot. Von der Ambivalenz dieses Schwellenstadiums befreit kein Tabu. Dafür behalf sich die Gesellschaft mit den Mechanismen des sozialen Todes: Deklassierung, Verfolgung, Ignoranz. Sie versuchten, eine neue Trennlinie zu ziehen, indem sie Halbtote wie lästige Existenzen behandelten und sie aus dem sozialen Verkehr nahmen. So wurde der physische Tod des Muselmanns kaum noch bemerkt. Manche starben beim Marschieren oder während der Arbeit, den Stockhieben eines Kapos[157] oder dem Kolbenstoß eines SS-Mannes. Viele, die noch ein Lebenszeichen von sich gaben, wurden von der SS in separate Invalidenblocks gesperrt, durch Injektionen, kalte Duschbäder oder Gas getötet. Andere starben, während sie gerade noch eine Schnitte Brot kauten.

---

155 Es gibt Erklärungsversuche zu dem Begriff in der Literatur; eindeutig sind sie nicht.

156 Wolfgang Sofsky: Die Ordnung des Terrors: Das Konzentrationslager, Frankfurt 1993, S. 229 ff.

157 Hilfsaufseher aus dem meist kriminellen Häftlingsmilieu.

Das Schicksal des Muselmanns war ein soziales Geschehen. Er unterlag einem Prozess der Dissoziation, zu dem auch die Mithäftlinge beitrugen. Wie er sich zusehends von der Außenwelt abwandte, wendeten sich die anderen von ihm ab, verfolgten und isolierten ihn. Manchmal fanden noch einige von ihnen zueinander, rieben ihre Schultern und Rücken aneinander, um sich aufzuwärmen. Das einzige Thema, das sie verband, war der gemeinsame Hunger, die Zahl der Kartoffelstücke in der Suppe, die Hoffnung auf Nachschlag, der Tagtraum vom großen Festmahl. War die Gelegenheit günstig und die Kraft noch nicht völlig erschöpft, überfielen sie zu mehreren einen Essensträger. Meist aber hockten sie schweigend zusammen und suchten die körperliche Nähe, die die Sprache ersetzte, ein stummes Nebeneinander der Kreatur.

Die meisten entstammten der Unterklasse der Verfemten und Überzähligen, die vom Verteilungssystem im Lager ausgeschlossen waren. Die Mehrzahl waren Juden, Russen, Polen. Durch den körperlichen Niedergang sanken sie jedoch noch unter das System der sozialen Klassen hinab. Der Muselmann wurde zur bevorzugten Zielscheibe roher Witze, Erniedrigungen und Grausamkeiten. Seine Lethargie wurde ihm häufig als Faulheit ausgelegt, als passive Renitenz gegen die Befehle der Aufseher und Häftlingsfunktionäre. Er war lästig und überzählig. Brüllte man ihn an, schreckte er kurz auf und tat nichts. Man trat ihn mit den Füßen, es tat ihm nicht weh. Man prügelte auf ihn ein, vergebens. Seine Apathie wirkte wie eine Provokation und schürte erst recht die Wut des Prüglers.

Der Muselmann verkörperte eine ausweglose Hoffnungslosigkeit, die alle betraf.[158]

Er war ein Spiegel des Elends, in dem sich die anderen wiedererkennen mussten. In ihm war der eigene Tod stets gegenwärtig. Was ihm widerfuhr, konnte jedem widerfahren. Er nahm die Zukunft

158 Dass die Parallelen zu den oft muslimischen Menschen auf der Flucht heute und dem Verhalten vieler „Bürger" in Deutschland ihnen gegenüber sich aufdrängt, erwähne ich hier, getrieben von der Sorge, dass einige von uns den Grad der Perversität des narzisstischen Peiniger-Verhaltens sogar als „Fliegenschiss" bezeichnen und darin ungestraft bleiben, sogar beklatscht werden (Peter Jochimsen).

der anderen vorweg. – Eigentlich war jeder ständig in Gefahr, zum Muselmann zu werden. Es genügte, sich ein bisschen zu erkälten oder den Fuß im Schuh wund zu scheuern und das erste Geschwür zu bekommen, der Höchstbelastung bei Minimalernährung nicht mehr standhalten zu können, dann war der Weg abwärts vorgegeben. Er dementiert die kollektiven Todesvorstellungen der zivilen Gesellschaft. Er starb einen anonymen namenlosen Tod. Wo aber in Massen gestorben wird, fällt das Ende des Einzelnen nicht auf. Der Tod ist nicht mehr das principium individuationis, das letzte Kriterium der Individualität.

Und neben der Tortur der Minimalernährung bei schwerster Arbeit, die zum Stadium des Muselmanns führte, verfügten die SS-Schergen über eine Vielzahl von Methoden, den mentalen Bereich der Häftlinge zu beschädigen, zu zerstören durch primitivste Forderungen, fern jeder Möglichkeit, Sinnvolles darin begreifen zu können.

Zum Arrest in Zellen mit einfachster Einrichtung, neben einer Decke, die nachts zum Schlafen hineingegeben wurde, gab es nur noch den Kübel für die Bedürfnisse. „Zweimal in der Woche mussten die Kübel entleert werden. Die Arrestanten mussten hinaustreten und den Kübel neben sich vor der Tür strammstehen. Im Laufschritt ging es dann mit dem Kübel in der Hand nach draußen, dort noch einmal antreten, im Laufschritt die kleine Strecke bis zur Lagerstraße. Mit dem Kübel vor sich auf dem Boden, hieß es dann, hinlegen, langsam vorarbeiten, vorwärts kriechen. Oder wir mussten den Kübel mit beiden Händen an die Brust drücken, Kniebeuge machen, bis einer vornüber fiel. Auf dieselbe Weise ging es nach dem Entleeren der Kübel in die Kloake zurück in die Zelle. Die SS nahm hier wie nirgends sonst im Lager die Gelegenheit wahr, ihrem perversen Sadismus in der offensten Weise die Zügel schießen zu lassen.“[159]

---

159 Jürgensen, 1944, S. 117.

Der „Muselmann“[160] besteht nur aus Haut und Knochen. Die Kieferknochen stehen im Gegensatz zu den Falten, die sich am Hals gebildet haben, scharf unter der strammen Haut des Kinns hervor. Die Hüftknochen stehen in stummer Anklage als Gewölbe unter dem Brustkasten. Die Knie und Ellenbogen scheinen geschwollen und schwammig. Ein „Muselmann“ ist ein Skelett mit Haut darüber, mit einer erschreckenden Unheimlichkeit, denn das Skelett ist halblebendig. Es bewegt sich, vornübergebeugt, mit dem Kopf zwischen den spitzen, abgemagerten Schultern, starr in den Gelenken, schleppt er sich dahin auf steifen Altmännerbeinen. Die Haut ist schorfig, stockfleckig und schmutzig. Das Zeug hängt lumpig, nass und vom Durchfall durchsetzt, an ihm. Die Lebenslust ist weg, die Augen leer und ausdruckslos. Sie starren, ohne zu sehen. Man kann nicht mit ihm sprechen. Eine Unterhaltung kommt überhaupt nicht zustande. Der Denkvorgang ist auf einen einzigen Gedanken beschränkt, der in seiner Gehirnschale umgeht: Essen, Essen. Er ist schon eine Leiche, eine lebende Leiche, zu schwach, um seine unzureichende Ration zu essen, aber trotzdem presst er seinen trockenen Roggenbrotkanten in sich hinein. So schwach ist er, dass ein Zug an einer Zigarette den letzten Funken Leben zum Erlöschen bringen würde.

160 Judith Haman, Kurzvortrag, Medizinhistorisches Museum Hamburg, Universitätsklinikum Hamburg-Eppendorf, 24. 3. 2015, Zeichnung: Gedenkstätte Neuengamme.

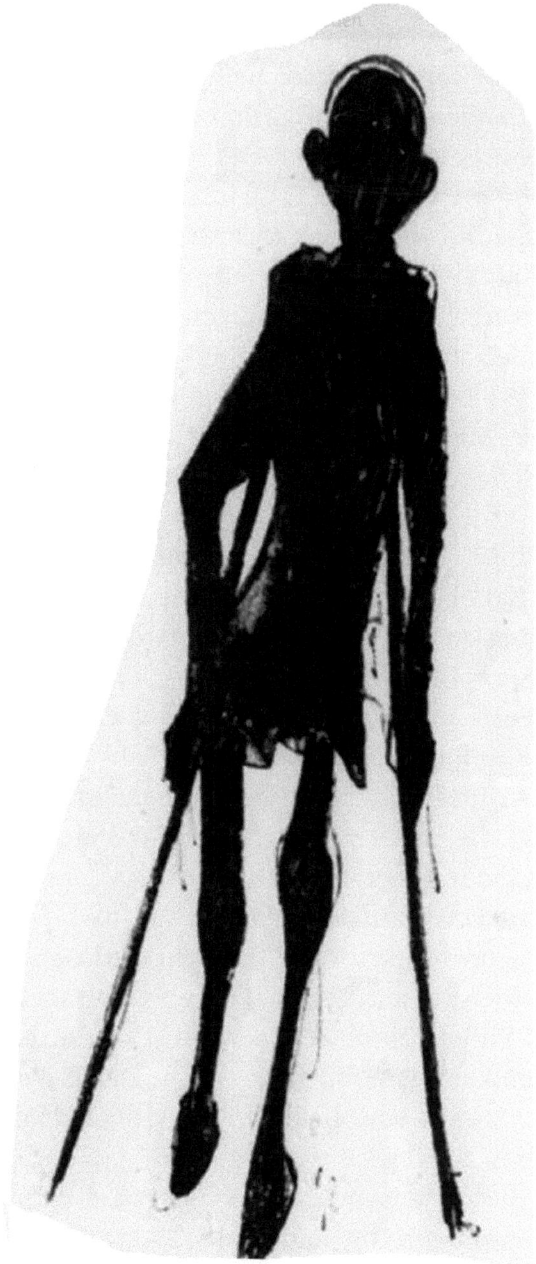

Rollen (Die Gefangenen müssen sich liegend durch Drehung um die Körperachse vorwärtsbewegen, auch zu zweit, um 180° zueinander verdreht, einander umklammernd.) Es ging zum Massensport. Die erste Arbeit an diesem Sonnabend war: Hinlegen, Rollen. Mit Hinlegen und Rollen wurde die Frühstückspause aufgehoben, und mit Rollen endete die Arbeitszeit zur Mittagspause, die am Sonnabend zugleich als Feierabend angesehen war. Zwischendurch gab es wohl einmal kurze Laufschrittübungen, aber schon lag man wieder auf dem Boden und rollte, rollte, bis sich einem der Magen im Leib umdrehte. – Bei klarem, wolkenlosem Himmel lachte die Sonne herab auf den Blödsinn der Menschen. Die Wachen suchten so viel wie möglich Schutz im Schatten der Bäume des angrenzenden Waldes.

Und die Häftlinge, auch deutsche Volksgenossen, rollten auf dem jetzt staubigen Sandboden. Sie rollten eine Stunde, die ersten Erbrechungen traten auf. Sie rollten zwei Stunden, die Entleerungen mehrten sich. Sie rollten drei Stunden. Sie rollten, rollten immer weiter, die SS-Posten mit ihren Stiefeln und die Kompanieführer dazwischen. Sie rollten vier Stunden. Die Zahl der Erbrechungen nimmt zu, immer im Rollen. Die Nächsten, die angerollt kommen, darüber hinweg, die schleimige, grün schimmernde Masse setzt sich in deren Kleider. Jeder der Rollenden hat derartige Flecke in den Kleidern, im Haar, an den Gliedmaßen usw. Es wird weiter gerollt. Zu den schon verkrusteten Flecken kommen immer neue. Bewusstlose werden beiseitegelegt. Die austreten müssen, werden abseits geführt. Einige fallen vor Erschöpfung in ihren Kot. Wenn sie wieder zu sich kommen, rollen sie weiter. Die SS-Posten höhnen dazu. Die fünfte Stunde wird bald zu Ende gehen, dann wird es für heute Schluss sein. Noch wird weiter gerollt.

Ja, sind denn diese Menschen, die sich dort am Rande des Hümling wie die Schweine im Kot und in den Bakterien herumwälzen, immer noch keine Nationalsozialisten? Haben alle Torturen nichts gefruchtet? Jeder Schutzhäftling, auch jeder politisch Indifferente, wird das KZ-Lager als unerbittlicher Gegner verlassen, wenn er lebend wieder herauskommt. Im Übrigen: In einer Woche, Ausgang Juli, Anfang August 1936 hatte das Sportplatzkommando sechs Todesfälle bei der Arbeit zu verzeichnen. Am Montag und Dienstag wurde je ein Berufsverbrecher von der Kugel getroffen. Am Mittwoch zwei von derselben Gruppe. Am Donnerstag musste ein Politischer, ein Jude, daran glauben, der erst vor zwei Wochen eingeliefert war, und am Freitag war es wieder ein Krimineller, der nicht lebend ins Lager zurückkam. Alle diese Erschießungen fanden bei angeblichen Fluchtversuchen statt.[161]

[162]

161 Jürgensen, 1944, S. 85 f.

162 BA BildY 12-441-5288, ... -77

Briefwechsel war unter bestimmten Bedingungen erlaubt, naturgemäß die Inhalte vorgeschrieben. Von den Umständen des Lagerlebens ist in keinem Falle etwas erkennbar. Manche Karte klang wie aus der Sommerfrische mit Angaben zu herrlichem Wetter. Sicher wollte Jürgensen seine Angehörigen auch nicht beunruhigen.

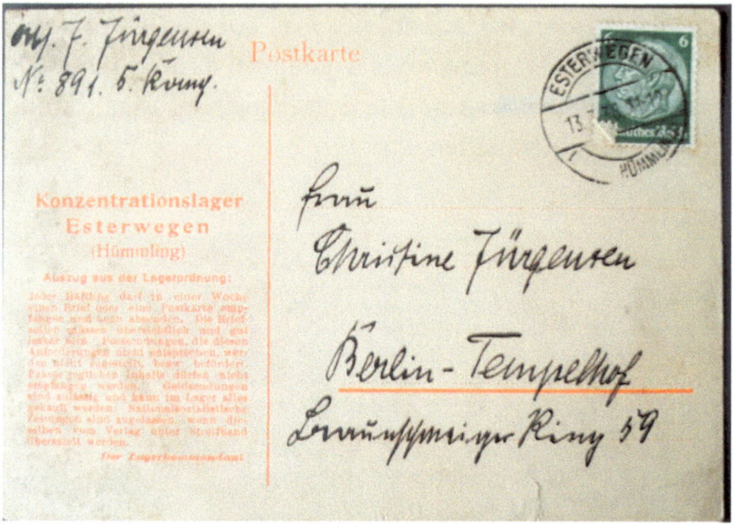

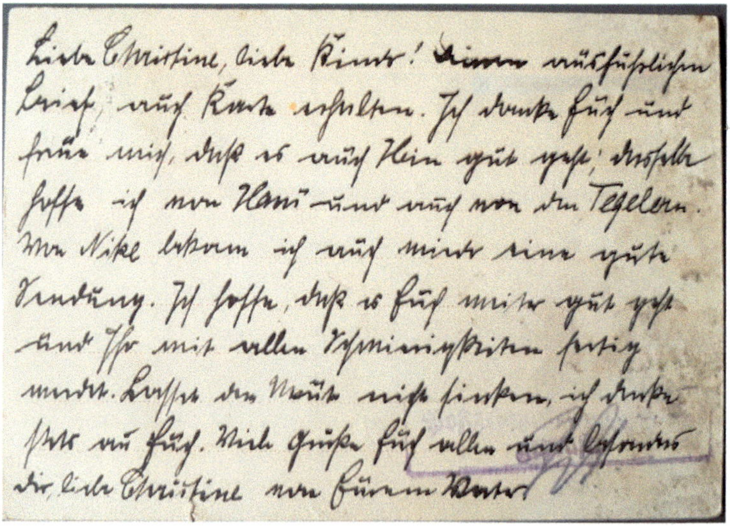

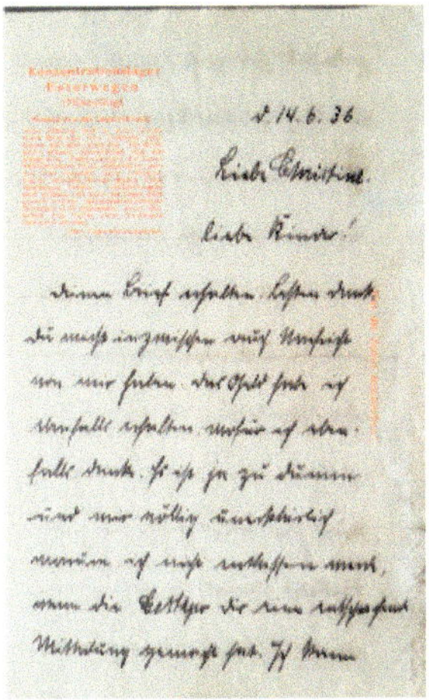
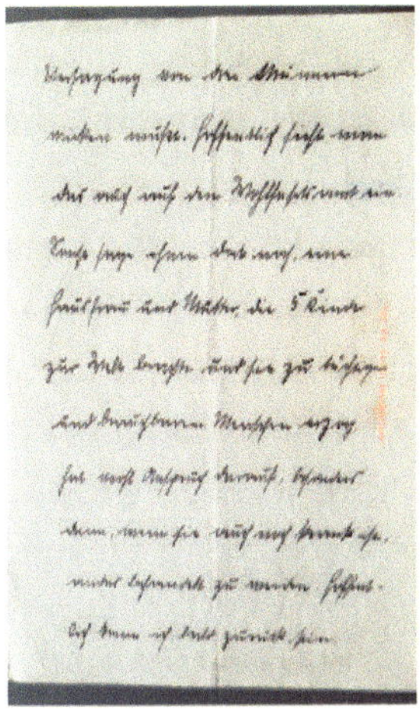
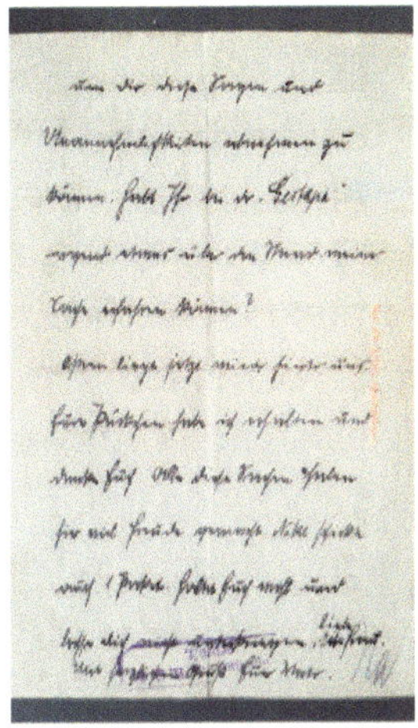
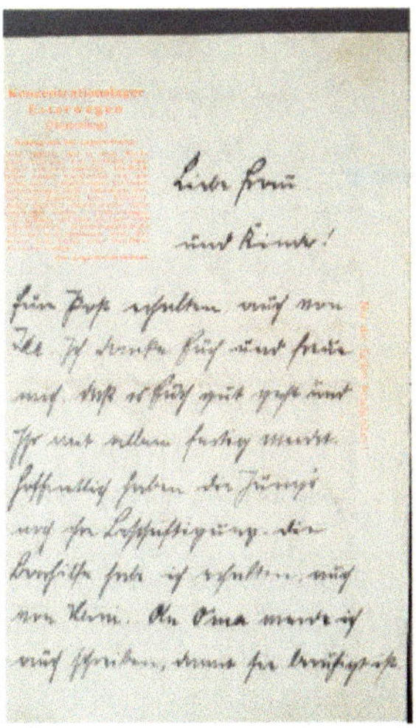
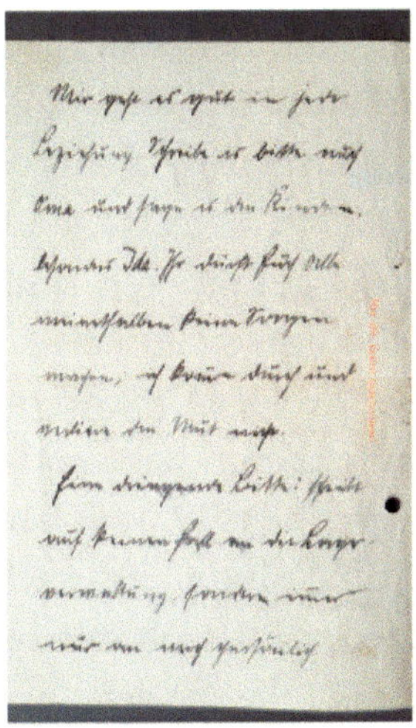
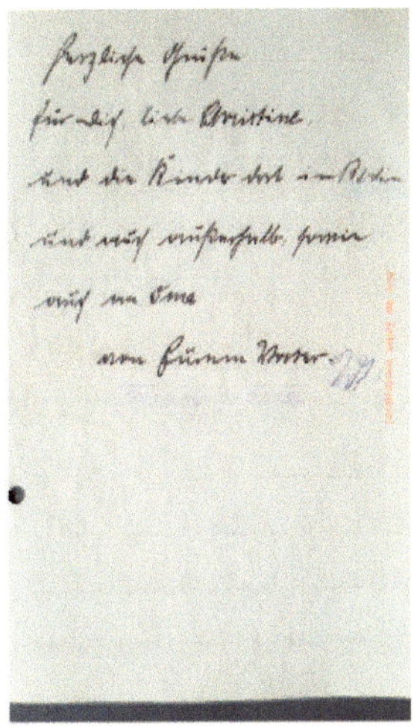

163

163 Familienbesitz Jürgensen

Mit Heilmann Der nächste Morgen brachte eine besondere Überraschung. Der jüdische Volksgenosse Ernst Heilmann, früher Mitglied und Abgeordneter der SPD im Preußischen Landtag und später auch Abg. des Reichstages, wurde aus der Kleiderkammer, wo er tätig war, entfernt. Er sollte neben mir antreten zum Sportplatz. Reichlich zehn Jahre waren wir beide, Heilmann und ich, im Preußenparlament tätig gewesen. Ich hatte H. als den besten Kameraden kennengelernt, wie man ihn sich nicht besser wünschen könnte. Er war Vorsitzender der Fraktion der SPD, ich ihr Geschäftsführer. Er war am 24. Juni 1933 in Schutzhaft gekommen und befand sich nunmehr schon einige Jahre in Esterwegen. Bei einem angeblichen Fluchtversuch im Jahre 1934 war er angeschossen worden. Die Folge war ein lahmes Bein. (...) Vor einigen Tagen war ich noch von meinem Kameraden Heilmann in der Kleiderkammer eingekleidet worden, jetzt standen wir zusammen im Sportplatzkommando. Was dabei mitspielte, sollten wir bald gewahr werden.

Auf dem Sportplatz angekommen, nahm ich wieder die beschädigte Eisenkarre, während Heilmann eine Holzkarre erwischte. Man nahm uns beide gemeinsam vor. „Na, Ihr SPD-Bonzen, Ihr kennt Euch, was?" – „Jawohl", sagten wir. „Na, dann sollt Ihr hier einmal zusammenarbeiten", wurde gesagt. Wir mussten die Karren wechseln. H. bekam die beschädigte Eisenkarre und ich die gute Holzkarre. H. musste in der Reihe vor mir fahren. Mir war klar, was man wollte, ich sollte meinem früheren Kameraden die Beine kaputtfahren. Ich hatte noch Gelegenheit, H. zuflüstern zu können: „Ernst, wenn Du merkst, ich komme hinten auf, weil ich nicht anders kann, dann mache die Beine breit, damit ich mit dem Karrenrad zwischen Deine Beine komme, und Du lässt Dich rücklings auf meine Karre fallen oder setzt Dich hin. Auf diese Weise kann Dir nichts geschehen, und ich habe den Befehl trotzdem ausgeführt."

Als wir die erste Karre beladen hatten, konnte natürlich H. mit dem beschädigten Karren und seinem angeschossenen und verletzten Bein nicht vorwärts kommen. Ich bekam den Befehl: „Los, Bonze, fahr dem Juden auf die Beine, damit er vorwärtskommt." Ich fuhr an, kam wie beabsichtigt mit dem Rad zwischen die Beine von H., er setzte sich auf meine Karre, aber der Zug stand immer noch und was wichtiger war, Hs Beine blieben unbeschädigt.

Nun wurde ich herausgenommen. Wohl reichlich eine Stunde musste ich Sport machen in der übelsten Form, so dass mir, wie man zu sagen pflegte, die Zunge aus dem Halse hing. Dann musste ich wieder eintreten. H. war wieder vor mir. Auf das Kommando „Fahr dem Juden auf die Beine", erwiderte ich:

„Ich fahre keinem Menschen absichtlich die Glieder kaputt", und so sprang der „rote Hinnerk" hinzu und brüllte: „Was, du Lump, willst einen Befehl nicht ausführen?", versetzte mir einen Kinnhaken, so dass ich über die Karre taumelte. Ich musste wieder die Karre aufheben und anfahren, und H. saß wieder wie vorhin auf meiner Karre. Der „rote Hinnerk" nahm mich dann wieder beiseite und ließ mich Sport machen, verbunden mit Fußtritten und Kolbenstößen in den Rücken, dass mir grün und blau vor Augen wurde. Völlig durchnässt von Moorwasser von außen und von Schweiß, konnte ich wieder eintreten.

Das Manöver mit H. wiederholte sich noch einige Male mit dem Ergebnis, dass H. seine Karre von zwei Mann nach oben gezogen und dort am Rande der Grube umgekippt werden musste. So ging dieser Tag zu Ende. Jedenfalls hatten die schadenfrohen SS-Leute nicht die Genugtuung, H. sagen zu können: „Siehst Du, Du jüdisches Schwein, Dein eigener Freund hat Dir die Beine abgefahren."[164] Ich habe Fälle beobachtet, wo Berufsverbrecher mit einer

164 Auch unter Sozialdemokraten in den KL gab es nicht nur Solidarität. Durchschnittsmitglieder äußern sich über „Bonzen": „Bei den Schachspielern ist Heilmann ein ganz großes Tier. Ich mag ihn nicht." – „Ich auch nicht", sagte mir mein Partner leise über den Tisch. Er erzählte mir, dass Heilmann in früherer Zeit oft in Sonderbehandlung genommen wurde. Bis zum Halse soll er in der Jauchegrube gestanden haben, die Beine haben sie ihm zerdeppert; er geht jetzt wacklig in den Knien, der lange, schlaksige Kerl, dessen Borsten aussehen, als könnten rote Haare daraus werden. „Mit dem habe ich kein Mitgefühl", flüsterte er, „der Heilmann war im SPD-Parteivorstand, gar im Fraktionsvorstand des Reichstags. Der ganze Bonzen-Vorstand sollte das hier selbst ausbaden." – „Die meisten Bonzen sitzen im Ausland", antwortete ich. „Mit der Parteikasse, die haben immer für sich zu sorgen gewusst", fügte er verbittert hinzu. „Nicht alle sind im Ausland", fügte ein Kiebitz hinzu. „Ich habe bei meiner Gewerkschaft erlebt, wie sie den Apparat so lange vorbildlich geführt haben, bis sie ihn den Nazis geordnet übergeben konnten." Ich dachte an den

wollüstigen Freude Befehle ähnlicher Art prompt ausgeführt haben und die Geschundenen unter großen Schmerzen wochenlang in der Revierstube herumliegen mussten, bis der Schaden wieder einigermaßen kuriert war.

So gingen einige Tage im Gleichmaß dahin, Karrenschieben, vollbeladen mit Sand, im Laufschritt fort und zurück und stundenlangem Sport, mit allem, was dazu gehört. Ich merkte, meine Kräfte nahmen ab. Ich bekam Stiche im Rücken und in der Brust. Beim Laufen mit der Karre blieb mir die Luft weg. Wie lange sollte man das noch aushalten?[165]

Und viele weitere Seiten lang berichtet Jürgen Jürgensen über das Dahinvegetieren im Konzentrationslager, über Brutalitäten, Scheußliches, planmäßige Quälereien, Morde, über die Willkür machtgieriger SS-Wachen, entsetzliche Scherze dümmlicher Aufseher, Perversitäten.

„Eines Nachts im Frühling ist von den Wachtürmen Geschützfeuer zu hören (S. 103 f), dann leichtes und schweres MG, dazu Maschinenpistolen und Karabiner. Die leichte Holzbaracke wackelte hin und her, Fenster klirren, die Betten schwanken. Die Brüder dort draußen schossen doch scharf, man hörte deutlich die Einschläge! (...) Eine Untersuchung am nächsten Tag ergab mehrere Einschüsse, acht Schritte vom Eingang entfernt der Einschlag eines Artilleriegeschosses. – Später erfuhren wir, die SS habe eine Übung zum Niederschlagen einer Meuterei durchgeführt."

Landtagsabgeordneten aus Eckernförde, Johann Johannsen (Anm.: Jürgen Jürgensen) oder so hieß er, war ein gemütlicher, feiner, ruhiger Kerl. Grinsend erzählte er, was sie alles mit dem angestellt hatten. So war es! Jeder hielt sich darüber auf und staunte, was die Nazis „Unbürgerliches" angestellt hatten, als ob die Unterwelt ausgebrochen wäre. Darüber verlor man jeden Gedanken daran, dass dieses nur möglich gewesen war, weil unsere „Oberwelt" versagt hatte. Der Weg begann nun einmal mit Ebert und Noske, lang, lang ist es her. – Das war es also, der Vorwurf gegen die „Bonzen" und gegen die Sozialdemokratie, die so lange an Recht und Gesetz geglaubt hatte, bis sie selbst Opfer des Terrors wurde. (Klaus Henning Hansen, Auf den Spuren eines KZ-Tagebuchs, DG, Malente 1986, Bd. 1, S. 292 f.)

165 Jürgensen, 1944, S. 68 ff.

166

„An einem Tag kam der Rapportführer mit zwei Kompanieführern in die Arrestzelle eines jungen Juden und forderte ihn auf zu masturbieren (S. 118). Der Arrestant bat in kläglichem Ton, von ihm abzulassen. Er sagte: ‚Bitte, bitte, Herr Rapportführer, tun Sie das nicht!' Man hatte den Eindruck, dass der jüdische Häftling schon wusste, was man von ihm wollte, es also nicht das erste Mal war, dass man ihn zu diesen haarsträubenden Handlungen zwang." Jürgensen beschreibt dann eine Anzahl von Perversitäten, welche „die Herren SS-Führer, die Erneuerer der deutschen Sittlichkeit unter Zoten und wieherndem Gelächter verlangten".

Auf S. 101: „Hier, im Lager, nahm mich mein Kamerad unter den Arm, der schon seit 1933 hier festgehalten wurde. Er führte mich an eine bestimmte Stelle, von der man einen Ausblick auf eine Waldschneise hatte. Er sagte dabei: ‚Siehst Du die Schneise dort? Dort, keine zehn Schritte in den Wald hinein, musste Otto Eggerstedt, der frühere Polizeipräsident von Altona, mit einem schweren Baumstamm beladen, aus dem Wald auf die Schneise treten. Als er die Mitte der Schneise erreicht hatte, wurde er durch einen Genickschuss erledigt. Mehrere seiner damaligen Arbeitskameraden sahen alles mit an.' Eggerstedt war langjähriger Reichstagsabgeordneter

166 BA, BildY 12-441-5187.

der SPD gewesen und musste auf diese Weise zur höheren Ehre des dritten Reiches sein Leben lassen. Seine sterblichen Überreste wurden auf dem Lagerfriedhof im Moor bestattet."

Mehrfach ohne erkennbaren Grund zu vierzehn Tagen Arrest verurteilt, beschreibt Jürgensen den „Sport" mit dem gefüllten Kübel für die Bedürfnisse, welchen er unter dem Hohngelächter der SS-Männer treiben musste (S. 117). Dieser Kübel war das einzige „Möbelstück" in der Zelle von 1,2 mal 2,5 m. Geschlafen wurde auf dem dünnen, zugigen Bretterboden. Dazu wurde für die Nachtzeit eine Wolldecke geliefert. Das Essen bestand aus Wasser und Brot sowie alle vier Tage eine warme Mahlzeit.

Auch das geschah (132 f): „Ein Abend Anfang Dezember 1935. Beim Appell trat schon leichter Schneefall auf. Es war eine nasskalte Luft. Alles freute sich auf den Schlaf unter der warmen Decke. Es ist eben neun Uhr, da schrillt plötzlich die Pfeife, alles muss draußen antreten. In Gruppenkolonnen zu vieren geht es auf und ab, dann Laufschritt, Hüpfen. Es hüpfen nun 1400 Menschen die Lagerstraße entlang. Die schneebedeckten Gestalten, die dichtfallenden Flocken und darüber und dazwischen die Lichtstrahlen der Schweinwerfer von den beiden Türmen. Ich bin unten bei der Wache. Beim Wenden verhalte ich ein wenig und sehe die Lagerstraße hinauf. Ein eigenartiges Bild. Man könnte glauben, Hunderte von Kängurus hier springen zu sehen. Diese durch den Schnee unförmig gewordenen Gestalten und dazu das Gebrüll und Geschrei der dazwischen herumwirtschaftenden SS-Leute. Es ist zum Gotterbarmen. Die Alten, Kranken und Zerschlagenen, die nicht an dem Marsch teilnehmen können, machen immer noch ihre Freiübungen. Im Laufschritt! Allmählich formiert sich der Trupp wieder. Kaum geschehen, hinlegen, rollen! Jetzt liegt alles im Schneeschlamm. Diese Übung dauert längere Zeit. Sprung auf, marsch, marsch! Schluss! In die Baracken, marsch, marsch! Durchnässt bis auf die Haut kommen die Männer von der Lagerstraße wieder in die Baracken zurück. Kurz nach elf lagen alle wieder in den Betten und die Baracken wieder im Dunkel.

Immer wieder Prügel-Orgien

Die Strafen werden sofort vollstreckt. Die Abführung in Arrest erfolgt nach Vollstreckung der körperlichen Strafen. Ein leises Murren ging nach dieser Bekanntmachung durch die Reihen der fünfzehnhundert Häftlinge. " Hat jemand etwas gesagt?" fragte der Rapportführer und als selbstverständlich keine Antwort kam, "ich wollte auch niemandem geraten haben!".

Nun begann die sogenannte Strafvollstreckung. Die in der Bekanntmachung genannten Häftlinge hatten schon in der Mitte der Lagerstrasse antreten müssen. Nachdem der Bock geholt und aufgestellt worden war, wurde ein Häftling nach dem anderen aufgerufen und auf den Bock geschnallt. Auf jeder Seite stand ein SS-Mann, beide mit einem Prügel. Sie schlugen umschichtig auf das auf dem Bock liegende Opfer los. Der Mann auf dem Bock zählte, Eins, --- Zwei---Drei, er schrie, Viiiier, Füüünf, Sechs, Siiiiieben, -----Acht-------. In gleichmässigen Abständen klatschten die harten Schläge der SS-Männer auf den deutschen Mann dort vor ihnen auf dem Bock. Zwölf, Dreizehn------. Der Bock bewegt sich! Da! Wieder! Er bäumt sich auf! Und er kann nicht! Siebzehn -------- Achtzehn--------- Da! wieder der Bock! O! Er wirft ihn noch um! Und dann? Dann machen sie ihn kalt! Dann ist's aus. Der Häftling auf dem Bock zählt. Er zählt mit vor Schmerz und Wut verzerrter Stimme, Ein--- Einund----- Einundzwanzig.------- Er schreit, dass es über die ganze Umgebung schallt, Zweiundzwanzig. Dieser Schrei, wie ein Todesschrei. Zweiundzwanzig. Dann war es vorbei. Der Kamerad war ohnmächtig geworden. Die letzten drei Schläge wurden ihm noch aufgezählt. Er wurde vomBock geworfen. Der Nächste. So ging es die Reihe durch. Der eine, wie leblos beiseite gelegt. Der andere, versuchte fortzukommen. Torkelte einige halbe Schritte vorwärts, schlug lang zur Erde. Es war alles das Gleiche. Alle zerschlagen bis zur Bewusstlosigkeit. Jetzt lag der Sechste schon auf dem Bock. Die Schläger nahmen Aufstellung. Der erste Schlag. Eins--------Zwei.----- Hell und deutlich klingt die Stimme über den weiten Raum. Der Arme soll bis fünfzig zählen! Er ist der erste, der fünfzig Schläge bekommt. Er zählt zehn. Er zählt zwanzig. Gleichmässig hageln die Schläge. Dreissig -----------Dreiunddreissig, Vierunddreissig, die Zahl wird noch herausgewimmert, auch ihn verlässt das Bewusstsein. Losschnallen, beiseitewerfen. Jetzt der Letzte. Eine Bewegung, ein Murmeln geht durch die Reihen der SS. Der Letzte. Ein österreichischer Nationalsozialist. Die Nummer wird aufgerufen. Es ist der frühere Sanitäter aus dem Krankenrevier, derselbe, der mir in so vorbild-

Jürgensen, 1944, S. 127

Entlassung

Sachsenhausen und Entlassung Am 30. August 1936 wurde alles für den Umzug nach Sachsenhausen vorbereitet. Dort war mit dem Aufbau eines neuen Lagers begonnen worden. Es ging zunächst mit der Feldbahn, darin stehend dicht zusammengedrängt, durch das Moor in Richtung Oldenburg-Bremen zur nächsten Reichsbahnhaltestelle, von dort weiter mit einem Sonderzug. Schärfste Verhaltensmaßregeln waren ausgegeben worden, die jeder berücksichtigte, um nicht auf dieser nächtlichen Fahrt erschossen zu werden. „Auf der Reichsbahnstation wurde der Sonderzug in größter Ruhe und Friedfertigkeit bestiegen. Der Zuschauer musste den Eindruck haben, die große Zahl der Häftlinge und die SS-Bewacher seien ein Herz und eine Seele." In Sachsenhausen, eine Haltestelle hinter Oranienburg war die Reise zu Ende. In Marschkolonnen nähert man sich dem neuen Heim und wurde dort eingewiesen.

Am nächsten Morgen ging es hier an die Arbeit. Bauarbeiten. Ein grosses Lager sollte hier errichtet werden. ~~Heute ist es fertig.~~ Es hat den Umfang und die Grösse einer kleinen Mittelstadt erreicht. Tausende von Menschen sind durch dieses Lager gegangen. Tausende haben hier die Praxis der SS und der Gestapo am eigenen Leibe zu spüren bekommen. Viele sind auch hier eingezogen, die lebend das Lager nicht wieder verliessen. Die Methoden der SS bei der Arbeit waren hier dieselben, wie in Esterwegen auch. Der SS-Sport spielte dieselbe Rolle, wie in Esterwegen. Zunächst nach unserem Eintreffen war man dabei etwas vorsichtiger. Es lagen Arbeiten vor, die schnell und reibungslos geschafft werden mussten. Als die eiligsten Bauarbeiten aber fertig gestellt waren, kam zur Freude der SS der Sport wieder zu seinem Recht. Persönlich blieb ich davon verschont. Einige Wochen vor dem Umzug war ich schon in den Stubendienst übernommen worden. Auch hier wurde ich wieder dem Stubendienst zugeteilt. Die Kameraden zogen aus dieser Tatsache den Schluss, ich würde bald entlassen werden. Diese Folgerung wird wohl richtig gewesen sein.[167]

167 Jürgensen, 1944, S. 139 f.

Am 17. Oktober 1936 erhielt Jürgensen nach der Erledigung vieler Formalitäten seine Entlassungsbescheinigung. „Zum ersten Mal seit langer Zeit ging ich ohne die übliche SS-Begleitung als freier Mensch wieder auf der Straße, dem Bahnhof in Oranienburg zu.“ Später in Berlin schildert er seinen Weg in die Freiheit u. a. mit der Feststellung, selbst das Überqueren der Straße bereite ihm Schwierigkeiten. – Es folgt die Vorstellung bei der Gestapo:

machen. Im Hause der Gestapo waren die Büros bereits geschlossen. Es war Sonnabend nach ein Uhr. Auf dem Gang traf ich einen mir bekannten Kriminalkommissar. Er trat auf mich zu, " Sind Sie es, oder nicht? Donnerwetter, Sie haben sich aber verändert", sagte er. " Wäre es umgekehrt gewesen, hätte man bei Ihnen dieselbe Veränderung feststellen können", erwiderte ich. "Also immer noch der alte"? meinte der Kommissar. Bin " wollen's beste hoffen", war meine Antwort. Das war die erste Begrüssung bei der Gestapo. Der Kommissar gestattete mir, am Montag wiederzukommen, zwecks Meldung. Ich würde dann auch meine Anweisungen für mein ferneres Verhalten bekommen. Am Montag wurden mir zunächst der Schutzhaftbefehl und der Entlassungsschein abgenommen. Auf die Frage, ob man diese nicht behalten könne, wurde hohnlächelnd erwidert, " damit Sie Material für das Ausland hätten." Ich bekam dann die Auflage, mich täglich auf dem zuständigen Polizeirevier meines Wohnbezirks zu melden. Nach Ablauf von vier Monaten wurde auf Antrag die tägliche Meldung in eine dreimal wöchentliche umgewandelt. Am 1. September 1939 wurde an Stelle der dreimaligen Meldung in der Woche eine einmalige wöchentliche Meldung angeordnet. Am 17. August 1940 erhielt ich auf Antrag über das für mich zuständige Polizeirevier die Mitteilung, dass die Auflage mit Ablauf des Monats August aufgehoben sei. Damit waren die letzten Auswirkungen der im Jahre 1935 gegen mich verhängten Schutzhaft erloschen, mit Ausnahme einer planmässigen Bespitzelung durch Agenten der Gestapo.

Schlusswort

In den vorstehenden Zeilen habe ich u. a. Beispiele aus der Praxis in der Schutzhaft gegeben. Ich weiß, es ist nur ein kleiner Ausschnitt aus dem Leben und von der Behandlung der Schutzhäftlinge im Lager. Die Kameraden aus Esterwegen bitte ich um Verständnis dafür. Wollte man eine vollständige, geschlossene Darstellung bringen, hätte man im Besitz einer tagebuchartigen Aufzeichnung sein müssen. Diese fehlte. Sie konnte auch nicht vorhanden sein, weil die Gelegenheit zur Herstellung derselben fehlte. Ich bin überzeugt, es wird manches fehlen, was dieser oder jener Kamerad gerne aufgenommen gesehen hätte. Vielleicht hätte auch mancher diese oder jene Sache gerne anders dargestellt gehabt, als wie ich es gemacht habe. Doch, ein Schelm gibt mehr, als er hat. Mir kam es darauf an, dem nach dem Krieg noch übrig gebliebenen Bevölkerungsrest einen kleinen Einblick in die Schrecknisse des Lebens in den Konzentrationslägern zu geben. Die im Moor ruhen, oder deren Asche man in eine Urne getan hat, sie können nicht mehr reden. Reden müssen schon die Lebenden. Deshalb habe ich mich hingesetzt und aufgezeichnet, was ich weiß. Ich hoffe, es werden mich alle verstehen. Ich hoffe auch, Verständnis dafür zu finden, wenn ich die Heimkehr zu meiner Familie nicht schilderte. Wer weiß? Vielleicht später in einem anderen Zusammenhang. Allen Kameraden im Lager, die sich meiner in der kritischen Zeit besonders annahmen, herzlichsten Dank. Dank auch den Freunden in Berlin und Eckernförde, die es meiner Familie ermöglichten, die schwere Zeit zu bestehen und außerdem mich noch unterstützten. Die Herrschaft der Nationalsozialisten steht vor ihrem Ende. Millionen Menschen sind ins Grab gesunken, ihre Familien in unbeschreiblichem Elend und Not zurücklassend. Statt des angekündigten tausendjährigen Reiches der Deutschen wird uns ein Trümmerfeld hinterlassen und anstatt eines geordneten Wirtschaftslebens, wenn auch auf kapitalistischer Grundlage, werden wir auf lange Sicht einen energischen Kampf gegen Not und Hunger zu führen haben. Neue Wirtschaftsformen auf sozialistischer Grundlage werden gefunden werden müssen, wenn es gelingen soll, den Menschen zu helfen.

Das sind große und schwere Aufgaben, die zu erfüllen sind. Sie sind nur durch einmütiges Zusammenstehen aller Beteiligten und Interessierten zu erreichen. Möge der Tag nicht mehr fern sein, den einsichtige deutsche Sozialisten erhoffen, der Tag der Gründung einer allumfassenden deutschen sozialistischen Partei, in der alle theoretischen Gegensätze und persönlichen Meinungsverschiedenheiten zurücktreten zu Gunsten des hohen Ziels, das gequälte Volk wieder vorwärts und aufwärts zu führen. Es geht entweder mit dem Sozialismus in die Zukunft oder gegen ihn endgültig in den Untergang.

Hamburg, den 30. November 1944
gez. Jürgen Jürgensen

Nach zwei verlustreichen Bombenangriffen siedelte er mit seiner Frau 1943 nach Hamburg zu seinem Sohn Nikolaus Jürgensen über. 1945 wirkte er bei der Neugründung der SPD in Schleswig-Holstein mit. Er war Kandidat der SPD für das Amt des Oberpräsidenten von Schleswig-Holstein. Von 1947 bis 1949 war er Direktor der Schleswig-Holsteinischen Landgesellschaft in Kiel. In dieser Funktion war er u. a. zuständig für die Organisation der Nahrungsmittel und die Versorgung der Bevölkerung, die von 1,6 Mill. vor 1945 auf nun 2,7 Mill. angestiegen war.

Kandidat für das Amt des Oberpräsidenten SH

Nach der Teilkapitulation am 6. Mai 1945, Holstein war bereits befreit, entließ Hitlers Nachfolger, Großadmiral Dönitz, den schleswig-holsteinischen NS-Oberpräsidenten Hinrich Lohse aus dem Amt. Seine Geschäfte nahm vorübergehend Regierungspräsident Waldemar Vöge war. Am 14. Mai 1945 ernannte Schleswig-Holsteins Militärgouverneur, der Befehlshaber des 312 (P) Detachment Military Gouvernement, Colonel Gay Patrick Henderson, den bisherigen Leiter der Allgemeinen Abteilung im Oberpräsidium, Regierungsdirektor Dr. Otto Hoevermann, in Kenntnis seiner NSDAP-Mitgliedschaft zum kommissarischen Oberpräsidenten.

Hoevermann war nach Aufhebung der allgemeinen Aufnahmesperre 1937 der Partei beigetreten, zuvor bereits Mitglied der NS-Wohlfahrt, des Beamtenbundes und des NS-Rechtswahrerbundes gewesen, hatte außerdem dem Reichskolonialbund und dem NS-Reichskriegerbund angehört.

Die Berufung Hoevermanns war bei den Antifaschisten von vornherein auf Ablehnung gestoßen. Die im Kieler Gewerkschaftsausschuss vereinten Sozialdemokraten und Kommunisten hatten schon Anfang Juni 1945 Vorschläge zur Besetzung von Führungspositionen erarbeitet. So wurde der frühere SPD-Fraktionsgeschäftsführer im Preußischen Landtag, Jürgen Jürgensen, für das Amt des Oberpräsidenten vorgeschlagen.[168] Die ablehnende Haltung von Sozialdemokraten und Kommunisten gegenüber Hoevermann hatte Militärgouverneur Henderson offensichtlich nicht erreicht.

Nach fortgesetzten Protesten von verschiedenen Seiten kam es schließlich zu einer Übereinkunft: Man einigte sich unter den weiteren Vorschlägen – u. a. Dr. Max Emcke, Oberbürgermeister von Kiel, Dr. Kurt Necker, SPD und KL-Überlebender – auf Theodor Steltzer, Landrat des Kreises Rendsburg. Colonel Henderson

168 Protokoll des erweiterten Aktionsausschusses der freien Gewerkschaften, 8. 6. 1945, Stadtarchiv Kiel.

entließ am 14. November 1945 Hoevermann und gestattete zwei Tage später Steltzer, den Titel „Oberpräsident" zu führen.[169]

Landgesellschaft Schleswig-Holstein

Am 2. August 1913 wurde in Kiel für die Provinz Schleswig-Holstein die „Landgesellschaft" gegründet. Sie ist heute in Deutschland die älteste noch bestehende. Bis 1936 firmierte sie als „Schleswig-Holsteinische Höfebank". Ziel der öffentlich kontrollierten Gesellschaft war es, durch Landkauf, Landtausch und Hilfen für landwirtschaftliche Investitionen, die Lebens- und Arbeitsbedingungen auf dem flachen Lande zu verbessern. Der Anstoß war im Deutschen Reich bereits 1886 aus zunächst nationalpolitischen Motiven her-

169 Holger Martens: Hoevermanns Berufung war ein Fehler, DG, Malente 2008, S. 191 ff.

ausgegeben worden. Um den Anteil Deutscher in den Landgebieten Westpreußens und Posens zu erhöhen, wurde ein Ansiedlungsgesetz erlassen. Es führte schließlich dazu, dass auch in den übrigen Gebieten Siedlungsgenossenschaften (Schleswig-Holstein 1909) entstanden. Aus ihnen entwickelten sich die Landgesellschaften. Eine wichtige Rolle bekamen sie nach dem Ende des Ersten Weltkrieges. Durch die Verluste im Osten sowie den der Kolonien musste für 1,2 Millionen Menschen im verbliebenen Reichsgebiet eine Lebensgrundlage geschaffen werden. Bis zum Zweiten Weltkrieg nahm die Landgesellschaft die regionaltypischen Bauformen auf. Das Bild zeigt so eine Weiterentwicklung des Geesthardenhauses, wie sie 1938 im nordfriesischen Osewoldter Koog realisiert wurde.

In Schleswig-Holstein wurden bis 1939 von der Landgesellschaft 6600 neue Siedlerstellen mit 91000 Hektar geschaffen. Dieselbe Aufgabe stellte sich in einer ungleich größeren Dimension nach dem Zweiten Weltkrieg erneut: Allein nach Schleswig-Holstein strömten in kurzer Zeit über eine Million Flüchtlinge und Vertriebene. In ihrer Mehrzahl kamen sie aus der Landwirtschaft. Bis 1960 schuf die Landgesellschaft 14000 neue Siedlungsstellen. Allerdings waren die mit durchschnittlich nur noch gut drei Hektar Fläche auf Dauer wirtschaftlich nicht überlebensfähig (Höfesterben). Den Wandel in der Landwirtschaft spiegelt auch die zentrale Rolle der Landgesellschaft, die sie im Zuge der Flurbereinigung (Programm Nord) bekam. 1973 musste sich das Institut abermals neu ausrichten. Mit dem von Bund und Land gemeinsam getragenem neuen Instrument der Gemeinschaftsaufgabe, Verbesserung der Agrarstruktur und des Küstenschutzes, erweiterte sich die Aufgabe der Landgesellschaft. Sie war nicht länger allein auf die Landwirtschaft ausgerichtet, sondern wurde zu einem Instrument des umfassenden Flächenmanagements. Damit fällt ihr seitdem auch die Aufgabe zu, Land für Infrastrukturmaßnahmen und den Naturschutz bereitzustellen. 1996 ging die Landgesellschaft als eigenständiger Teil in der landeseigenen Landesentwicklungsgesellschaft (LEG) auf. Die LEG wurde 2001 zu gut 49 Prozent privatisiert und sollte zum 1. Januar 2004 vollständig veräußert werden. Die Landgesellschaft soll danach als eigenständige GmbH in der LEG unter maßgebenden Einfluss des Landes erhalten bleiben. Sie hat heute 60 Mitarbeiter und verfügt über einen Landbesitz von rund 5000 Hektar.[170]

Der Gewinn neuer Wirtschaftsflächen durch das Urbarmachen von Moorgebieten wurde lange Zeit betrieben. Das Bild entstand 1940 im trockengelegten Gruber-See-Koog

Bis zum Zweiten Weltkrieg nahm die Landgesellschaft die regionaltypischen Bauformen auf. Das Bild zeigt so eine Weiterentwicklung des Geesthardenhauses, wie sie 1938 im nordfriesischen Osewoldter Koog realisiert wurde

Jürgen Jürgensen war von Februar 1947 bis April 1949[171] Geschäftsführer der Landgesellschaft.

170 In: Gesellschaft für Schleswig-Holsteinische Geschichte.

171 Information Landgesellschaft, 2. 11. 2020.

Nachwort

Nach Auskunft der Bundeszentralkartei vom 27. Januar 2017 hat Jürgen Jürgensen eine Entschädigung[172] für seine Gefangenschaft in Konzentrationslagern nie beantragt. Es wäre auch nicht möglich gewesen: Er starb am 31. August 1950, ohne sich – wie überliefert ist – von den Folgen seiner Leidenszeit in den Konzentrationslagern erholt zu haben. Das Bundesentschädigungsgesetz, BEG, trat erst am 29. Juni 1956 in Kraft mit einem Vorläufer vom 18. September 1953. Am Beginn der Entschädigung unmittelbar nach Kriegsende stand die fürsorgliche Betreuung der Opfer des Nationalsozialismus, die sich zunächst ohne zentrale Lenkung auf kommunaler Ebene abspielte. Ende 1945 begannen die westlichen Besatzungsmächte Vorschriften zur Betreuung der NS-Opfer zu erlassen. Konkret strukturiert wurden die Maßnahmen erstmalig, als in der amerikanischen Besatzungszone im August 1949 das sogenannte US-Entschädigungsgesetz verkündet wurde. Es war wegweisend für das spätere BEG.

Ein großes Problem in der Wertung der durch KZ-Aufenthalte entstandenen Schäden war die Tatsache, dass neben den physischen Traumata in erheblichem Maß psychische vorhanden waren. Viele Ärzte lehnten den psychosomatischen Zusammenhang als nicht existent ab oder kannten ihn gar nicht. „Sie ignorierten das Feld des psychiatrischen Wissens, in dem in der Frage der Anerkennung psychischer Leiden in der Entschädigung von NS-Opfern entscheidende Weichen gestellt wurden."[173] In den Nachkriegsjahren publizierte kein deutscher Arzt über diese speziellen Gesundheitsschäden. Erst Aktivitäten von Ärzten, die zum Teil in den ehemals von Deutschen

172 Lange Zeit wurde hier der Begriff „Wiedergutmachung" verwendet, seit den 1980er Jahren wird dieser eher als Inbegriff der Verharmlosung verworfen. Die Auflösung des Rechts in Angst und Schrecken, die millionenfache Verfolgung und Vernichtung lassen sich nicht ungeschehen oder rückgängig machen. Viele vermeiden daher das Wort und verwenden Fachtermini wie den o. a. oder „Rückerstattung" (Vgl. Hans-Günther Hockerts: Wiedergutmachung, in: Christian Kuller, Hrsg., Nach der Verfolgung, Göttingen 2003, S. 9 f).

173 Svenja Goltermann: Kausalitätsfragen, Psychisches Leiden und psychiatrisches Wissen in der Entschädigung, in: Die Praxis der Wiedergutmachung, Norbert Frei, José Brunner und Konstantin Goschler, Hrsg., Bonn 2010, S. 427.

besetzten Ländern selbst Gefangene in KL gewesen waren und sich mit den Erkrankungen der Überlebenden befassten, brachten den Durchbruch. Ärztliche und psychologische Gutachter wurden mit einer Qualität posttraumatischer Belastungsstörungen konfrontiert, die zuvor in so extremem Ausmaß nie beobachtet worden waren. Die sichtbaren psychopathologischen Folgen ließen sich auf die nicht oder nur unzureichend verarbeiteten destruktiven Traumatisierungen der Verfolgungen beziehen und waren darüber hinaus durch qualitativ neuartige und teilweise irreversible Symptome gekennzeichnet. Und so erhielten nun jene Überlebenden Entschädigungen für ihre psychischen Leiden, die sich überwinden konnten, noch einmal das Procedere eines Entschädigungsverfahrens zu durchlaufen.[174]

Aus Eckernförde ist u. a. der Fall Franz Henk, als Häftling des KL Sachsenhausen in das SS-Bewährungsbataillon Dirlewanger gepresst, russische Kriegsgefangenschaft, insgesamt 11 Jahre Haft, bekannt. Nach einem Gutachten vom 17. September 1966 durch Regierungsmedizinalrat Dr. Dr. Paul Becker, Düsseldorf, wurden nach dessen Berufung durch Unterstützung des Sozialausschusses der Verfolgten des Naziregimes sämtliche Vor-Gutachten kritisiert oder verworfen und folgender Gesamtbefund festgestellt:

1. Psychasthenisches Verfolgungssyndrom mit depressiven Verstimmungszuständen;
2. erhebliche neurovegetative Fehlregulation mit Manifestation am cardiovasculären System;
3. Dermatopathie an beiden Unterschenkeln mit trophoneurotischen Störungen;
4. Parodontose nach Avitaminose.

Franz Henk erhielt – 21 Jahre nach Kriegsende – eine angemessene Versorgung und nach §§ 20, 31, BEG, eine Rentennachzahlung von 22332 DM.[175]

174 Dies., ff.

175 Vgl. Green, 2017, S. 93 f.

Von Baeyer, Häfner und Kisker (1964) bzw. Niederland (1983) haben die Kerneinwirkung durch Inhaftierung in Konzentrationslagern, in Ghettos und der totalen Illegalität auf der Basis von lang hingezogenen Versteckssituationen in eindrucksvoller Weise zusammengestellt:

„Kerneinwirkung extremer Belastung am Beispiel
der Konzentrationslagerhaft

1. Kürzere oder längere Inhaftierung im Zustand völliger Hilf- und Wehrlosigkeit ohne ein für den Betroffenen absehbare Ende.
2. Lebensbedrohende Gesamtlage mit erschöpfender Zwangsarbeit und kaum vorhersehbaren Strafen für die ‚nicht zufriedenstellende Arbeitsleistung'.
3. Chronisches Hungern und Dürsten bis zum Eintritt von körperlichem und psychischem Verfall (siehe ‚Muselmänner'!).
4. Misshandlungen, Torturen, systematische Folter, medizinische Experimente.
5. Individuelle Demütigung und Degradierung bis zur Entmenschlichung mit systematischer Beeinträchtigung der persönlichen Identität und des Selbstgefühls.
6. Wiederkehrende Terror- und Schreckenserlebnisse ohne jede Fluchtmöglichkeit.
7. Vollständiger oder nahezu vollständiger Verlust von Angehörigen, Verwandten, Freunden, völlige Unwissenheit über deren Schicksal.
8. Abschaffung von Kausalität (‚Hier gibt es kein Warum!'), Verlust der individuellen und kollektiven Normbegriffe.
9. Hoffnungs- und Aussichtslosigkeit angesichts der systematischen Vernichtung."[176]

176 Harald und Hellmut Freyberger: Posttraumatischer Verfolgungsdruck und Bewältigungsstrategien bei ehemals durch den Nationalsozialismus verfolgten Menschen, Gerlingen 1992, S. 149 f.

Jürgen Jürgensens Aufzeichnungen ist zu entnehmen, dass er allen Kerneinwirkungen mit Ausnahme von 7. ausgesetzt war. Reaktionen sind nicht bekannt, und es muss davon ausgegangen werden, dass er seine physisch-psychische Situation nach der Entlassung aus dem Konzentrationslager 1936 nicht einschätzen konnte, da die angeführten wissenschaftlichen Erkenntnisse noch nicht existierten. Allein die o. a. lapidare Aussage, er habe sich bis zu seinem Tode nicht von den erlittenen Strapazen erholt, lässt Rückschlüsse zu.

Folgende Reaktionen auf die Belastungen in den Konzentrationslagern wurden beobachtet:

KZ-Syndrom[177] nach Niederland, Krystal und Eitinger

1. Schwere, oft ganz plötzlich einsetzende Erregungs- und Angstzustände.
2. Ein unartikuliertes Gefühl des „Andersseins" im Gegensatz zu denen, die nicht durch die Hölle von KZ, Ghetto, Arbeitslager und jahrelangen Lebens im Versteck gingen.
3. Tiefe Überlebensschuld, d. h. Schuldgefühle desjenigen, der überlebte, gegenüber den ermordeten Angehörigen und Kameraden.
4. Ein Zustand des seelischen Überwältigt- und Verringertseins, der nur schwer zu beschreiben ist und sich in Depressionen, apathischer Zurückgezogenheit, Kontaktmangel, Unfähigkeit zu Freude und Genuss bis zur völligen Starre und geistiger Abstumpfung äußert.

177 Vgl. Internationale Klassifikation psychischer Störungen: ICD-10 Kapitel V (F) der WHO, Bern 2011, S. 255: Eine andauernde Persönlichkeitsstörung kann der Erfahrung von extremer Belastung folgen. Die Belastung muss so extrem sein, dass die Vulnerabilität der betreffenden Person als Erklärung für die tiefgreifende Auswirkung auf die Persönlichkeit als Erklärung nicht ausreicht. Beispiele hierfür sind Erfahrungen in einem Konzentrationslager, Folter, Katastrophen, andauernde lebensbedrohliche Situationen (als Geisel, langandauernde Gefangenschaft mit drohender Todesgefahr). Eine posttraumatische Belastungsstörung kann dieser Form der Persönlichkeitsstörung vorangehen. Sie wird dann als eine chronische, irreversible Folge von Belastung angesehen.

5. Das Bild des „lebendigen Leichnams“, ein von ständiger Begegnung mit dem Tod geprägtes, schattenhaftes, furchtsames, gedrücktes Verhalten.
6. Quälendes Wiedererleben der Schrecken des Lagers – in der Fachliteratur Hypermnesie genannt (Misshandlungen, Miterleben der Ermordung von Angehörigen) – nächtliche Alpträume.
7. Ermüdung, leichte Erschöpfbarkeit, Konzentrations- und Gedächtnisstörungen.
8. Sexuelle Störungen.
9. Psychosomatische Störungen wie Herzbeschwerden, Kopfschmerzen, Schwindel, Schweißausbrüche, Magen- und Darmbeschwerden, Schlaflosigkeit.
10. Psychotische Zustände mit Wahnvorstellungen (Gefühl, noch immer im Lager und verfolgt zu sein).[178]

Gewissermaßen als Basis eines jeden Entschädigungsversuchs ist zu berücksichtigen: Opfer erleiden nicht nur einen materiellen und seelischen Schaden, sondern eine willkürliche Verletzung ihrer Rechte. Letzteres macht das Spezifische einer Unrechtserfahrung aus. Die Aggression fügt nicht nur Schmerzen zu, stört oder zerstört Pläne und Beziehungen, sondern stellt willkürlich den Status eines Individuums als einer zu achtenden Person in Frage. Wiedergutmachung dient auch der Wiederherstellung der durch die Schädigung gestörten moralischen Ordnung. Die Wiedergutmachung ist dem Opfer geschuldet, weil ihm die Achtung seines Status als Person geschuldet ist.[179]

178 Freyberger und Freyberger, 1992, S. 161.

179 Michael Schefczyk,: Verantwortung für historisches Unrecht, eine philosophische Untersuchung, Berlin 2012, S. 310

Quellen

Archive
Bundesarchiv, Landesarchiv Schleswig-Holstein, Stadtarchiv Eckernförde, Stadtarchiv Kiel, Archiv Dachau, Arolsen Archive (BA), Archiv Chemnitz, Archiv der Gedenkstätte Neuengamme, Archiv der Heimatgemeinschaft Eckernförde.

Zeitungen
Die Welt, Eckernförder Zeitung, Critique (Paris),

Literatur

Hannah Arendt, Elemente und Ursprünge totaler Herrschaft, Frankfurt 1955.

Frank Bajohr, Christoph Strupp, Hrsg.: Fremde Blicke auf das „Dritte Reich", Berichte ausländischer Diplomaten über Herrschaft und Gesellschaft in Deutschland 1933 – 1945, Göttingen 2011.

Willi Baumann, DIZ-Nachrichten, 19/1997, Vechta 1997.

Joachim Böhmer, Erinnerung und Aufarbeitung der NS-Zeit, 3. 10. 2008.

Wilhelm Brecour, Die Sozialdemokratische Partei in Kiel, Kiel 1932.

Michaela Christ, Die Dynamik des Tötens, die Ermordung der Juden von Berditschew 1941 – 1944, Frankfurt 2011.

Andreas Dorpalen, SPD und KPD in der Endphase der Weimarer Republik, in: Vierteljahreshefte für Zeitgeschichte, 1983, Heft 1.

Klaus Drobisch, Günther Wieland, System der NS-Konzentrationslager, Berlin 1993.

Uwe Fentsahm, Der schwierige Umgang mit der Demokratie, in: DG, Bd. 8, Malente 1993.

Petra Frank, Stefan Hördler, Hrsg., Der Nationalsozialismus im Spiegel des öffentlichen Gedächtnisses, Berlin 2005.

Harald und Hellmut Freyberger, Posttraumatischer Verfolgungsdruck und Bewältigungsstrategien bei ehemals durch den Nationalsozialismus verfolgten Menschen, Gerlingen 1992.

Helga Grebing, Ernst Heimann, Arbeiterbewegung in Berlin, Berlin 2012.

Heinrich Green, Sammlung von Fotos über Eckernförde.

Ulrich Green, Schulbau in Borby zwischen 1923 und 1931, in: Jahrbuch der Heimatgemeinschaft Eckernförde, 68. Jg., 2010.

Ders., Widerstand der Eckernförder KPD gegen das NS-Regime, Eckernförde 2017.

Ders., Richard Vosgerau 1933 – 1945, in: DG, Bd. 22, Malente 2011.

Ders., Karl Faden und Hans Quade, Ein Polizist und sein Richter, in: Zeitschrift der Gesellschaft für Schleswig-Holsteinische Geschichte, Bd. 140, Husum 2015.

Geschichte der SPD Eckernförde, Homepage in Eckernförde.

Svenja Goltermann, Kausalitätsfragen, Psychisches Leiden und psychiatrisches Wissen in der Entschädigung, in: Die Praxis der Wiedergutmachung, Norbert Frei, José Brunner und Konstantin Goschler, Hrsg., Bonn 2010.

Judith Hamann, Medizinhistorisches Museum Hamburg, Universitätsklinikum Hamburg-Eppendorf, 24. 3. 2015.

Klaus Henning Hansen, Auf den Spuren eines KZ-Tagebuchs, DG, Malente 1986.

Siegfried Heimann, Der Preußische Landtag 1899 – 1947, Eine Politische Geschichte, Berlin 2011.

Jürgen Jürgensen, Der Sturz der Demokratie und die Schutzhaft in Deutschland, Hamburg 1944, Familienbesitz.

Julius Leber, Ein Mann geht seinen Weg, Schriften, Reden und Briefe, zusammengestellt von seinen Freunden, Berlin 1952.

Holger Martens, Hoevermanns Berufung war ein Fehler, in: DG, Malente 2008.

Hans Kai Möller, Zigarrenheimarbeiter in Hamburg-Ottensen, in: Arbeiter und Arbeiterbewegung in Schleswig-Holstein im 19. u. 20. Jh., Hrsg. Rainer Paetau, Holger Rüdel, Neumünster 1987.

Angela Moré, Die psychologische Bedeutung der Schuldabwehr von NS-Tätern, in: Normalität der NS-Täter, Rolf Pohl und Joachim Perels, Hrsg., Hannover 2011.

Sönke Neitzle, Harald Welzer, Soldaten, Protokolle vom Kämpfen, Töten und Sterben, Frankfurt 2011.

Günther Morsch (Hrsg.), Die Konzentrationslager-SS 1936 – 1945, Exzess- und Direkttäter im KZ Sachsenhausen, Berlin 2016.

Rainer Paetau, Konfrontation oder Kooperation, Arbeiterbewegung und bürgerliche Gesellschaft im ländlichen Schleswig-Holstein und in der Industriestadt Kiel zwischen 1900 und 1925, Neumünster 1988.

Rolf Pohl, Joachim Perels, Normalität der NS-Täter?, Hannover 2011.

Karin Orth, Egon Zill, in: Der Nationalsozialismus im Spiegel des öffentlichen Gedächtnisses, Formen der Aufarbeitung des Gedenkens, Petra Frank u. Stefan Hördler, Hrsg., Berlin 2005.

Dirk Riedel, Ordnungshüter und Massenmörder im Dienst der Volksgemeinschaft, Der KZ-Kommandant Hans Loritz , Berlin 2010.

Regina Rocca, Der Kapp-Lüttwitz-Putsch in Kiel, DG, Bd. 3, Malente 1988.

Matthias Schartl, Landräte und Kapp-Putsch1920 im nördlichen SH, DG, Bd. 8, 1993.

Michael Schefczyk, Verantwortung für historisches Unrecht, eine philosophische Untersuchung, Berlin 2012.

Karl-Werner Schunck, Geschichte der Eckernförder SPD, in: Vergessen + Verdrängt, Eckernförde 1995.

Wolfgang Sofsky, Die Ordnung des Terrors: Das Konzentrationslager, Frankfurt 1993.

Sommer & Strebel, Hamburger Skizzen zur Geschichte des deutschen Holzhandels, Hamburg, 1967.

Leon Szalet, Kein Friede den Frevlern, Berlin 1956.

Richard Vosgerau jun., Familienchronik der Vosgeraus,
unveröffentlichtes Manuskript, 1979, Familienbesitz.

Nikolaus Wachsmann, Die Linke im Visier,
Zur Errichtung der Konzentrationslager 1933, Göttingen 2011.

Harald Welzer, Über den wissenschaftlichen Umgang mit dem Holocaust, in:
Verweilen beim Grauen, Tübingen 1997.

Sebastian Weitkamp, Ein Rückzugsgefecht des Rechtsstaates, in:
Vierteljahresschrift für Zeitgeschichte, Berlin 2018.

Heinrich August Winkler, Werte und Mächte, Eine Geschichte der westlichen
Welt, München 2019.

ULRICH GREEN wurde 1941 in Hannover geboren. Nach einer Jugend in Eckernförde, Studium in Flensburg und Hamburg, währenddessen journalistische Tätigkeit, arbeitete er im schleswig-holsteinischen Schuldienst, zuletzt als Studienleiter in der Lehrerbildung im Fachseminar Biologie. In seiner Forschungstätigkeit widmete er sich nach einem Ausflug in die Mediävistik, Burgengeschichte und -architektur, vor allem in Frankreich, der Zeitgeschichte und untersuchte die Eckernförder Sozialdemokratie von ihren Anfängen bis 1945, dazu den Widerstand der Eckernförder Kommunisten gegen das NS-Regime. Neben Aufsätzen in Fachzeitschriften ist diese die zweite große Arbeit.